中央音乐学院资助出版

学位论文写作指南

潘必新 著

中国社会科学出版社

图书在版编目（CIP）数据

学位论文写作指南/潘必新著.—北京：中国社会科学出版社，2020.9（2022.5 重印）
ISBN 978-7-5203-7034-9

Ⅰ.①学… Ⅱ.①潘… Ⅲ.①学位论文—写作—指南 Ⅳ.①G643.8-62

中国版本图书馆 CIP 数据核字（2020）第 158275 号

出 版 人	赵剑英
责任编辑	刘志兵
责任校对	水　木
责任印制	李寡寡

出　　版	中国社会科学出版社
社　　址	北京鼓楼西大街甲 158 号
邮　　编	100720
网　　址	http://www.csspw.cn
发 行 部	010-84083685
门 市 部	010-84029450
经　　销	新华书店及其他书店

印　　刷	北京君升印刷有限公司
装　　订	廊坊市广阳区广增装订厂
版　　次	2020 年 9 月第 1 版
印　　次	2022 年 5 月第 4 次印刷

开　　本	880×1230　1/32
印　　张	6
插　　页	2
字　　数	118 千字
定　　价	39.00 元

凡购买中国社会科学出版社图书，如有质量问题请与本社营销中心联系调换
电话：010-84083683
版权所有　侵权必究

目 录

绪 论 …………………………………………（1）
　第一节　学位论文的性质 ……………………（1）
　第二节　学者的精神 …………………………（3）
　第三节　学者的品质 …………………………（12）
　第四节　学者的人格 …………………………（20）
　第五节　学习论文写作的门径 ………………（26）

第一章　选题与命题 …………………………（29）
　第一节　"成功机会一半以上就在选题" ……（29）
　第二节　选题的原则 …………………………（31）
　第三节　选题的方法 …………………………（40）
　第四节　命题 …………………………………（46）

第二章　材料的搜集、研读与使用 …………（50）
　第一节　材料的搜集 …………………………（50）

第二节　材料的研读 …………………………（58）
　　第三节　材料的使用 …………………………（73）

第三章　从材料中提炼论点 ……………………（80）
　　第一节　研究者的三种类型 …………………（80）
　　第二节　从材料中提炼论点所应遵循的原则 …（83）
　　第三节　从材料中提炼论点所应具备的能力 …（87）
　　第四节　从材料中提炼论点的方法 …………（91）
　　第五节　从材料中提炼论点之范例 …………（97）

第四章　论证 ……………………………………（103）
　　第一节　论证是说服人的艺术 ………………（103）
　　第二节　论证的方法 …………………………（107）
　　第三节　应注意的几个问题 …………………（122）

第五章　谋篇布局 ………………………………（125）
　　第一节　论文结构的几种基本类型 …………（125）
　　第二节　编写大纲 ……………………………（129）
　　第三节　论文结构的几个关节 ………………（134）

第六章　语言 ……………………………………（140）
　　第一节　"工欲善其事，必先利其器" ………（140）
　　第二节　论文对语言的要求 …………………（143）

第七章　修改 …………………………………（162）

第一节　"应该抛弃写作而无须修改的念头" …………………………（162）
第二节　修改什么 ……………………（166）
第三节　怎样修改 ……………………（169）

第八章　答辩 …………………………………（176）

第一节　答辩的意义 …………………（176）
第二节　答辩前的准备 ………………（178）
第三节　答辩中的心态与谈吐 ………（182）

后　记 ……………………………………………（185）

绪　　论

第一节　学位论文的性质

学位论文，就其功能来说，是为了申请学位（学士、硕士、博士）而写的论文；就其性质来说，则属于学术论文。什么是学术论文呢？先得说明什么是学术。梁启超在《学与术》一文中写道："学也者，观察事物而发明其真理者也。术也者，取发明之真理而致用者也。"[①] 文中的"学"指学问，"术"指技术，学术的旨趣在于探究和发现事物的规律。《辞海》对学术的含义有进一步的解释，指出学术指较为专门、有系统的学问。"专门"说的是专业性，比如艺术学、历史学、哲学、语言学分别是人文学科领域里的一个个专门的学科。"系统"，说的是整体性，而不是零碎的、片断的，比如学校用一系列相关的课程使学

---

① 梁启超：《饮冰室合集》文集之二十五（下）。

生获得关于某一专业的系统的知识和理论。对专门的、有系统的学问进行探讨和研究，就是学术研究。学术研究有了成果，把它写成论文，就是学术论文。学位论文应归类到学术论文的范畴。中华人民共和国国家标准明确规定：学位论文是表明作者从事科学研究取得创造性的成果或有了新的见解，并以此为内容撰写而成、作为申请授予相应的学位时评审用的学术论文。

为了加深对学术论文性质的理解，让我们来看看什么不是学术论文吧。

以向人民大众普及各种知识为目的的著作与文章，一般都不是学术论文。学术论文总得有点创见，这创见是作者进行独立研究所创获的成果。而普及性的著作和文章则无需创见，只要把既有的研究成果拿过来，加以综合，进行介绍即可。举例来说，沈从文著的《中国服装史》和华梅著的《西方服装史》分别对中、西方服装的演进和发展的历史进行了专门的、系统的研究，无疑是学术著作。顾建华所著《服装》一书，作为《衣食住行话文明》系列丛书之一部，就属于普及性读物。如作者自己所说："严格地说，本书只是作者在研读了大量服装史论著和资料之后，加上自己的心得体会写成的一本读书笔记，是把专家学者们的精深研究转化为一般读者容易接受的读物。"[①] 学

---

① 顾建华：《服装》，北京工业大学出版社2008年版，第7页。

术论著与普及性读物，是性质与功用皆不相同的两种著作。

还有，一般的资料性文章也不是学术论文。进行学术研究，首先就要广泛地搜集资料。资料性的文章和书籍为学术研究提供了必不可少的基础，但是它们本身算不上学术论著。比如，蔡仲德的《中国音乐美学史资料注译》，非常系统而全面地对自先秦至清代的有关音乐美学的资料进行了搜集、整理、注释和翻译，工程浩大，积年以成。这本书资料繁博，注译确当，为研究中国音乐美学史打下了坚实的基础，厥功至伟。但是，它本身还不是学术著作。蔡仲德对这些资料进行了深入的分析和研究，撰写了一系列有独到见解的论文，继而又撰写了独树一帜的《中国音乐美学史》，这些才是真正的学术论著。

我们把专门从事学术研究的人称为学者、学人。要成为一个真正的学者，在精神、品质、人格诸方面都要符合一些特殊的要求。下面，我们分别讲一讲什么是学者的精神、学者的品质、学者的人格。

第二节 学者的精神

关于学者的精神，被尊称为"教授的教授"的陈寅恪在他所写的《清华大学王观堂先生纪念碑铭》中对此有精当的表述。他写道："先生之著作，或有时而不彰；

先生之学说，或有时而可商。惟此独立之精神，自由之思想，历千万祀，与天地而同久，共三光而永光。"①"独立之精神，自由之思想"，就是作为一个学者所应有的精神。

独立之精神，就是凡事都要进行独立思考，自己做主，而不盲从他人，随人俯仰；就是为了追求真理，不怕来自四面八方的压力；就是为了坚持真理，不怕牺牲自己的一切。孔子说："三军可夺帅也，匹夫不可夺志也。"(《论语·子罕》)这个"志"正是独立的精神。独立的精神是创造性之本。孔子正是凭着独立的精神，开创了被称为"孔孟之道"的思想体系，为后人留下了宝贵的精神财富，从而被公认为万世师表，甚至成为帝王之师。"至圣先师"之名岂是徒然得到的？一个学者如果没有独立的精神，就不能指望他在学术上能有什么创新和创造。我国春秋战国时代，是知识分子的独立精神表现突出且备受尊重的时代，同时也是在学术上呈现出百家争鸣、百花齐放的动人景象的时代。这两者之间的联系是众所公认的。

说到学者的独立的精神，人们自然会想到马寅初。马寅初是具有独立精神的学者的典范。1953 年我国进行第一

---

① 转引自王子舟《陈寅恪的治学方法》，台北：新视野 1988 年版，第 82 页。

次人口普查,得到这样的数据:全国现有人口6亿,每年增长1200万,年增长率为20‰。马寅初是经济学家,这次普查的结果引起了他极大的注意。在这之后,他多次深入浙江、江苏等地对人口情况进行实地调查。历时五年,他得出一个看法,认为我国人口增殖太快,生产的发展、资金的积累赶不上人口增长的速度。他觉得这是一个很大的矛盾。这个矛盾如果不解决,就会影响国家的发展。他认为,为解决这个矛盾,必须控制人口。他还提出了控制人口的一些具体办法。他把自己的看法写成文章,提交给1957年6月召开的第一届全国人民代表大会第四次会议,该文还以"新人口论"为题发表在《人民日报》上。这篇文章有巨大的现实意义,且有独到的见解,是于国计民生有重大利益的大文章、好文章。该文最初曾得到国家最高领导的认可。但是,风云突变,不久开展了反右派的运动,马寅初的人口论被无端指为配合右派向党进攻而遭到批判。嗣后几年,对马寅初的批判不断升温、升级,他的新人口论被指斥为马尔萨斯人口论的中国版。面对大批判的狂潮,马寅初毫不示弱,毫不退缩。他在刊物上公开发表声明,严正表示:"决不向专以力压服而不以理说服的那种批判者投降。"有一位身居高位而一向爱护他、保护他的朋友,劝他作一个检讨,以便顺利过关。他谢绝了这位朋友的好意,说了如下一番话:"人口问题,在中国是一个极大的问题,如果像现在这样不加控制,任其盲目发展下去，它必将给我们的国家和党带来很大的困难，造成完全被动的局面。这是直接关系到我们党和国家以及民族的前途命运的大事。我已经研究并发现了解决这一问题的办法，我有责任说出来，并坚持到底。为此，我不怕孤立，不怕批评，在这个问题上，我只考虑国家和真理，我不怕冷水浇，不怕油锅炸，不怕撤职、坐牢，更不怕死。……无论在什么情况下，我都要坚持我的人口论。"[①] 这就是有独立精神的学者！他为了国家和民族的利益而去追求真理，一旦发现了真理，他就无所畏惧，坚持到底。这样的学者，不仅有独创的学术观点，还有铮铮铁骨和大无畏的气概。

独立的精神与自由的思想密不可分。自由的思想是独立精神生长的温床。诚如大学者梁启超所言："自由者精神发生之原力也。"[②] 因此，自由的思想备受思想家和科学家们的推崇。爱因斯坦（Albert Einstein, 1879—1955）在《自由和科学》一文中指出，自由是科学进步的先决条件。他写道："科学进步的先决条件是不受限制地交换一切结果和意见的可能性——在一切脑力劳动领域里的言论自由和教学自由。"[③] 他还指出，自由有两个方面，即"外在的

---

① 杨建业：《马寅初传》，中国青年出版社1986年版，第181页。
② 夏晓虹编：《梁启超文集》上册，中国广播电视出版社1992年版，第219页。
③ 《爱因斯坦文集》第3卷，商务印书馆1979年版，第179页。

自由"和"内心的自由",内心的自由就是陈寅恪所说的自由的思想。关于外在的自由,爱因斯坦如是说:"我所理解的自由是这样一种社会条件,一个人不会因为他发表了关于知识的一般和特殊问题的意见和主张而遭受危险或者严重的损害。"这种自由首先应当由法律来保障。单靠法律保障还不够,还要做到"在全体人民中必须有一种宽容的精神"。[①] 这应叫做舆论保障吧。外在自由中还有一点非常重要,那就是容许学者在探求真理的过程中有犯错误的自由。英国哲学家罗素(Bertrand Russell,1872—1970)说得好:"由于最初人们不可能知道一个新的学说是否正确,因此,在提出新的真理的自由中必然包含着相等的犯错误的自由。"[②] 通向真理的道路是非常曲折的,在探求真理的过程中不可避免地会犯这样那样的错误,正是通过各种各样的试错,最后才找到了真理。俗话说"失败乃成功之母",正是这个意思。不容许犯错误,实际上就堵死了通向真理的道路。当权者和公众舆论应当抱有宽容的态度,营造出宽松的环境,来善待那些不懈地追求真理的学者们。

关于内心的自由,爱因斯坦指出:"这种精神上的自由在于思想上不受权威和社会偏见的束缚,也不受一般违

---

① 《爱因斯坦文集》第 3 卷,第 180 页。
② [英]罗素:《宗教与科学》,商务印书馆 1982 年版,第 134 页。

背哲理的常规和习惯的束缚。"① 我们在这里要特别地谈一谈不受权威束缚的问题,因为在做学问的路途中不可避免地会同权威相遇。那么,应该如何正确地对待权威呢?英国皇家学会无疑是科学权威荟萃之地,且听它对这个问题所给出的答案吧。英国皇家学会的会徽上镌刻着这样一句箴言:"不要迷信权威,人云亦云。"我以为这个箴言堪为我们对待权威的原则。具体地说,我们对待权威应注意三点:第一,要尊重权威。权威乃是科学进步的一个里程碑,是科学发展的一个新起点。尊重权威,就是尊重历史,历史是不能割断的;尊重权威,就是尊重一切为科学进步、为人类发展作出过贡献的人。不尊重权威,是狂妄无知的表现。爱因斯坦在科学上超越了牛顿(Isaac Newton,1643—1727),但是,他仍然给予牛顿崇高的评价,他写道:"牛顿啊,请原谅我,你所发现的道路,在你那个时代,是一位具有最高思维能力的人所能发现的唯一的道路。你所创造的概念,甚至今天仍然指导着我们的物理学思想,虽然我们现在知道,如果要更加深入地理解各种联系,那就必须用另外一些离直接经验较远的概念来代替这些概念。"② 爱因斯坦为我们树立了尊重权威的榜样。第二,要平视权威。权威是人,而不是神。所以,我们同权

---

① 《爱因斯坦文集》第3卷,第180页。
② 《爱因斯坦文集》第1卷,商务印书馆1979年版,第15页。

威在人格上是平等的，在智力上或许有所差异，但是绝无不可逾越的鸿沟。孔子说君子有"三畏"，即畏天命、畏大人、畏圣人之言。这三畏束缚思想，不足为训。盲目地迷信权威，就会压扁自己的思维能力，压缩自己的聪明才智。王安石针对孔子的三畏提出了"三不足"，即天变不足畏、祖宗不足法、人言不足恤。这三不足是鼓励解放思想的箴言。马克思在《神圣家族》一书中援引过如下一个警句："伟人们之所以看起来伟大，只是因为我们自己在跪着。站起来吧！"① 这话多么铿锵有力、多么长人志气！我们是信奉辩证法的，马克思指出："辩证法不崇拜任何东西，按其本质来说，它是批判的和革命的。"② 我们要尊重权威，但是不要拜倒在权威脚下，而要平视权威，要怀抱"人皆可以为尧舜"的信念。第三，要超越权威。要尊重权威，又要勇于超越权威，亚里士多德（Aristoteles，前384—前322）堪称楷模。他是著名的古希腊哲学家柏拉图（Platon，前427—前347）的学生，他勇敢地批判了老师的基本观点，从而超越了自己的老师。他有一句用来指导自己行动的名言："吾爱吾师，吾更爱真理。"权威必须被超越，这是科学发展的标志，否则科学就停滞了。因为世界总是一刻不停地在发展变化，任何权威的观点、学说只

---

① 《马克思恩格斯全集》第 2 卷，人民出版社 1957 年版，第 104 页。
② 《马克思恩格斯选集》第 3 卷，人民出版社 1972 年版，第 218 页。

是对某一时期、某一阶段的现实情况的认识。随着现实情况的变化，这种认识也就成了明日黄花。这种认识，哪怕是正确的认识，如不被超越，就说明科学已经落伍于现实了。权威一定可以被超越，因为任何权威都是时代的孩子，任何权威的生命都是有限的，因而他的认识不能不受到时代和生命这两个因素的限制。如恩格斯所指出的，"世界体系的每一个思想映像，总是在客观上被历史状况所限制，在主观上被得出该思想映像的人的肉体状况和精神状况所限制"[①]。因此，权威并没有穷尽真理，他也不可能穷尽真理。培根（Francis Bacon，1561—1626）说得好："真理是时间的女儿，不是权威的女儿。"[②] 权威不过是时间长河中的一朵浪花。所以，为了发现新的真理，超越权威乃是必要之举、必经之途，这也是历史赋予后人的神圣权利和义务。

上述两个方面的自由，即外在的自由和内心的自由，对于创造性的学者的产生和学术的创新、进步来说，都是不可或缺的条件。内心的自由虽然取决于学者本身，但是，倘使没有外在的自由，内心的自由就难以得到实现。北京大学教授汤一介对此有深切的体会。他是一位哲学家，但是他说"我不敢说自己是哲学家"。为什么呢？且

[①] 《马克思恩格斯选集》第3卷，第76页。
[②] ［英］培根：《新工具》，载北京大学哲学系编《十六—十八世纪西欧各国哲学》，商务印书馆1975年版，第32页。

绪 论

听他细说缘由吧。他在年轻的时候，曾经有志于做一名哲学家，而且是做一名有创造性的哲学家。为此，他在1947年选择读北京大学哲学系。1949年后，当时有个普遍的看法，只有马、恩、列、斯和毛泽东这样的伟大的马克思主义者才可以被称为哲学家，而其他人只能是"哲学工作者"，或者叫做"马克思主义的宣传员"。他们的任务只是解释这些伟大人物的哲学思想。因此，汤一介说，他讲的课只是教条式地解释他所读的马克思主义书籍的篇章字句，没有一点创造性，也可以说没有一点自己的思想。他所写的关于中国哲学史上的历史人物的文章，大多是根据日丹诺夫关于哲学史的定义，给每位哲学家戴上"唯心主义"或"唯物主义"的帽子，定性为进步或反动。这根本算不上什么研究。"文化大革命"以后，他主要是研究中国哲学史，虽然也时常提出一些哲学问题，不过都没有成系统。他自认为可以算得上是一个哲学史家，但算不上哲学家。哲学家是要创造出一套哲学思想，让别人来研究；而哲学史家是研究历史上哲学家的学者。通过反思，他找到了他没能成为"哲学家"的原因，既有自身的原因，也有社会环境的因素。汤一介说："我认为，最主要的是没有'思想自由'，把思想禁锢在一个框框里。这怎么能产生真正的哲学家？"[①] 一位年届八旬的大学者如此这般的人

---

① 汤一介：《我不敢说自己是哲学家》，《作家文摘》2006年7月25日。

生经验和感悟，不是非常发人深省吗？

第三节　学者的品质

学者的最重要的品质，莫过于怀疑精神。思想家们对此都十分重视。当马克思被问到喜爱的座右铭是什么的时候，他写下的是："怀疑一切"。①

"怀疑一切"这个格言的首创者是法国哲学家笛卡尔（Rene Descartes，1596—1650）。笛卡尔的处女作的标题是"谈谈正确运用理性在各门学问里寻求真理的方法"。这个标题以及该书的内容表明，求真理是笛卡尔的人生目标，理性是求真理的工具，怀疑则是求真理的方法。他提出了"怀疑一切"的格言，把运用这个方法的学者称为"怀疑一切的推理者"。②

怀疑这个概念的本义是心存疑惑、疑问，从褒贬的意义讲，它是一个中性词，不含贬义，把怀疑理解为否定，那是曲解。笛卡尔为什么要在探求真理的事业中倡导怀疑精神呢？那是因为笛卡尔认为，被我们当作真理接受下来的意见，有很多是错误的，因此我们要对一切加以怀疑，加以思考。他在《形而上学的沉思》一书中写道："我在

---

① 《马克思恩格斯全集》第31卷，人民出版社1972年版，第589页。
② ［法］笛卡尔：《谈谈方法》，商务印书馆2015年版，第67页。

绪　论

好多年以前就已经觉察到，我从早年以来，曾经把大量错误的意见当作真的加以接受，而我以后建立在一些这样不可靠的原则上的东西，也只能是极其可疑、极不确实的；从那时起，我就已经断定，如果我要想在科学上建立一些牢固的、经久的东西，就必须在我的一生中有一次严肃地把我从前接受到心中的一切意见一齐去掉，重新开始从根本做起。——然而，为了这个目的，我并没有必要把这些意见一律指为虚妄，这一点也许是我永远办不到的。"[①] 怀疑不是粗暴地否定一切。笛卡尔特别强调，怀疑要慎重，要深思。他说："凡是我从前信以为真的东西，没有一件我不能加几分怀疑；我的怀疑并不是由于漫不经心或轻率，而是有很强的、考虑成熟的理由。"[②] 还有，怀疑何以会成为探求真理的方法呢？笛卡尔认为，怀疑的功用在于摒除成见，为我们探求真理开辟道路。他写道："一种如此普遍的怀疑有什么用处……它的用处却是非常之大的，因为它能使我们摆脱各式各样的成见，为我们准备一条方便的道路，好让我们的心灵养成脱离感官的习惯，而且能使我们以后发现某些东西真实时不可能再怀疑

[①] 北京大学哲学系外国哲学史教研室编译：《西方哲学原著选读》上卷，商务印书馆1987年版，第365—366页。

[②] 北京大学哲学系外国哲学史教研室编译：《西方哲学原著选读》上卷，第368页。

它们。"①

笛卡尔所提出的怀疑一切的方法论同他所标示的哲学的第一条原理——"我思，故我在"——是一脉相通的。这个原理谈论的是人的本质特点。笛卡尔写道："我认识了我是一个本体，它的全部本质或本性只是思想。"② 他又说："我不知道什么东西属于我的本质，只知道我是一个在思想的东西，或者是一个本身具有思想力的东西。"③ 总之，人之所以为人，就因为他能思想，他是一个思想者。马克思也肯定了人的这个根本特点，他写道："人是能思想的存在物。"④ 人能思想而不去思想，那是弃置了人的本质；人能思想而不容思想，那是压制了人的本质。这些都有极大的危害。思想这个人的本质对人类的益处，怎么估计都不会过分。试想，人类的一切创造、发明、进步，哪一项不是由思想自由而来？所以，为人类的利益计，我们一定要千方百计地让思想这个本质自由地、充分地发挥作用。而人能思想的一个重要表现，就是爱怀疑一切，能独立思考。

值得注意的是，笛卡尔明确地把自己同西方哲学史上的怀疑派划清了界线。他指出："对每一个问题我都仔细

---

① ［法］笛卡尔：《谈谈方法》，第79页。
② ［法］笛卡尔：《谈谈方法》，第28页。
③ ［法］笛卡尔：《谈谈方法》，第76页。
④ 《马克思恩格斯全集》第1卷，人民出版社1956年版，第409页。

思考一番，特别注意其中可以引起怀疑、可以使我们弄错的地方，这样，就把我过去马马虎虎接受的错误一个一个连根拔掉了。我这并不是模仿怀疑论者，学他们为怀疑而怀疑，摆出永远犹豫不决的架势。因为事实正好相反，我的整个打算只是使自己得到确信的根据，把沙子和浮土挖掉，为的是找出磐石和硬土。"① 怀疑派却根本不想挖掉浮土找出硬土。怀疑派代表人物皮罗（Pyrrhon，前360—前270）有一句名言："最高的善就是不作任何判断。"② 对怀疑派来说，始于怀疑，止于怀疑，怀疑就是一切。对笛卡尔来说，始于怀疑，止于真理，怀疑只是探求真理的方法。

综上所述，笛卡尔所提出的"怀疑一切"这个格言的真谛是，鼓励有思想的人们面对一切问题，都要开动自己的脑筋，心存疑问，进行独立思考，以明辨真假和是非。我认为，毛泽东的看法同这个格言的真谛是相符的。他说，共产党员对任何事情都要问一个为什么，都要经过自己头脑周密思考，想一想它是否合乎实际，是否真有道理，绝对不应盲从，绝对不应提倡奴隶主义。③ 这个话简

---

① ［法］笛卡尔：《谈谈方法》，第23页。
② 北京大学哲学系外国哲学史教研室编译：《西方哲学原著选读》上卷，第177页。
③ 毛泽东：《整顿党的作风》，《毛泽东选集》（一卷本），人民出版社1966年版，第829页。

直就是对怀疑一切这个格言的最为明白易懂的解释。居心叵测者以及没有头脑者借怀疑一切之名而肆意进行胡怀疑、乱否定，那是对这个格言的滥用与亵渎。

胡适对怀疑精神的真谛有很好的阐述，他写道："科学之最精神的处所，是抱定怀疑的态度；对于一切事物，都敢于怀疑，凡无真凭确据的，都不相信。这种态度虽然是消极的，然而有很大的功劳，因为这态度可以使我们不为迷信与权威的奴隶。怀疑的态度是假设的，创造的，是寻求真理的唯一途径。怀疑的目的，是要胜过疑惑，而建立一个新的信仰。"胡适把这样的怀疑称为"创造的怀疑"。[①] 这话颇为有理，怀疑确是创造的发端。被称为美国现代成人教育之父的戴尔·卡耐基（Dale Carnegie, 1888—1955）就说："我喜欢怀疑的人，因为这样的人有思想，我特别喜欢有思想的人，因为几乎人类思想的所有进步，都是由怀疑的、发问的、挑战的、寻求真相的人创造的。"[②]

黑格尔（Hegel，1770—1831）对笛卡尔所提出的怀疑一切的格言给予了高度的评价，他赞扬这个格言"是一条

---

① 胡适：《东西文化之比较》，载罗荣渠主编《从"西化"到现代化》，北京大学出版社1990年版，第207页。

② [美] 戴尔·卡耐基：《人性的弱点全集》，地震出版社2011年版，第22页。

伟大的、极其重要的原则"。① 他还指出，笛卡尔的命题与怀疑论有本质的区别："这个命题并没有怀疑论的意义；怀疑论是为怀疑而怀疑，以怀疑为目的，认为人的精神应当始终不作决定，认为精神的自由就在于此。"② 德国哲学家胡塞尔（Edmund Husserl, 1859—1938）对这个格言的理解也很到位，他说："普遍怀疑的试图，这是笛卡尔始终贯彻的一点，但他心中抱的目的完全不同，他是想建立一个绝对没有怀疑的存在的领域……普遍怀疑的试图，对我们来说应该只作为提出一定要点的方法上的辅助手段。"③

或许有人会问：怀疑一切，难道对真理也要怀疑吗？我的看法是：首先，真理需要受到检验。真理征服人心与人心检验真理是一个双向同步的过程。一个真理摆到我们面前，我们对它进行怀疑、进行思考、进行检验，直到它的正确性得到确证之后，我们才坚定地相信它，真诚地服膺它，矢志不渝地捍卫它，以至于为它献出生命，也在所不惜。夏明翰烈士对待马克思主义就抱着这样的信念，他在就义诗中写道："砍头不要紧，只要主义真。杀了夏明翰，自有后来人。"其次，真理不怕怀疑。凡有阅历的人

---

① ［德］黑格尔：《哲学史讲演录》，商务印书馆1979年版，第67页。
② ［德］黑格尔：《哲学史讲演录》，第66页。
③ ［德］胡塞尔：《观念：纯粹现象学的普通导论》，转引自［美］M.怀特编著《分析的时代》，商务印书馆1987年版，第107页。

都知道，社会上被当作真理看待的那些事物，情况是比较复杂的，其中有真正的真理，也有虚假的东西。俗话说，真金不怕火炼。怀疑一切的格言恰如一把烈火，经它一烧，真正的真理得到了证实，虚假的东西就被戳穿，这岂不是一桩好事吗？

那么，怀疑精神对进行学术研究和撰写学术论文究竟有什么意义呢？可以说，学术研究发轫于怀疑。古希腊大学问家亚里士多德认为，怀疑是研究的开端，他在《形而上学》一书中写道："凡愿解惑的人宜先好好地怀疑；由怀疑而发为思考，这引向问题的解答。人们若不见有'结'，也无从进而解脱那'结'。……所以我们应将疑难预为估量；因为欲作研究而不先提出疑难，正像要想旅行而不知向何处去的人一样。"[①] 德国逻辑学家、哲学家阿·迈纳（A. Menne）指出："每个科学研究都从疑问开始。"[②] 达尔文（Charles Darwin, 1809—1882）深有体会地说："富有怀疑态度，这对科学家是有利的，因为这可以使他们不致损失大量时间。"他还谦逊地说他自己缺乏怀疑精神，并且自评道："我这种思想方式，对于科学进步有害。"[③] 其实，达尔文是富有怀疑精神的。

[①] [古希腊]亚里士多德：《形而上学》，商务印书馆1959年版，第37页。
[②] [德]阿·迈纳：《方法论导论》，王路译，生活·读书·新知三联书店1991年版，第188页。
[③] 毕黎译注：《达尔文回忆录》，商务印书馆1982年版，第95页。

绪　论

梁启超再三申述怀疑精神对于学术研究的重要性，他认为，做学问需要多方面的才能，首要的就是要有怀疑精神。他写道："凡是别人注意不到的地方，自己都怀疑研究，这是做学问的第一步。"① 他还说："夫学问之道，必有怀疑然后有新问题发生，有新问题发生然后有研究，有研究然后有新发明。百学皆然。"② 他又说："学问之价值，在善疑，在求真，在创获；所谓研究精神者，归着于此点。"③ 毛泽东也倡导读书要有怀疑精神，他提出三步读书法："读书，一要读，二要怀疑，三是提出不同的意见。不读不行，不读你不知道呀。凡是人都是学而知之，谁也不是生而知之。但光读不行，读了书而不敢怀疑，不敢提出不同看法，这本书算是白读了。"④ 历史学家顾颉刚写了一篇专谈怀疑与学问的关系的文章，认为怀疑精神是做学问的"基本条件"。他说："怀疑不仅是消极方面辨伪去妄的必需步骤，也是积极方面建设新学说、启迪新发明的基本条件。"他还说："只有常常怀疑，常常发问的脑筋才有问题，有问题才想求解答。在不断的发问和求解中，一切

---

①　夏晓虹编：《梁启超文选》下册，中国广播电视出版社1992年版，第441页。
②　梁启超：《中国历史研究法》，华东师范大学出版社1995年版，第99页。
③　梁启超：《清代学术概论》，东方出版社1996年版，第96页。
④　转引自张明林编著《毛泽东评点古今人物》，西苑出版社2012年版，第101页。

学问才会进步。"[①] 所以，学者一定要注意培养和发扬自己的怀疑精神。

第四节　学者的人格

我国有一条古训："太上立德，其次立功，其次立言。"讲的是一个人立身处世的原则，就是一生中都要把做一个有德之人放在首位，而且，要把崇尚道德贯穿到做事情（立功）、做学问（立言）之中。这条古训可以说是金科玉律，而且有极大的现实意义。

重温这条古训，切记搞学术研究要恪守学术道德。学术研究的目的是什么？是解决存在于各个学科领域中的疑难问题，理论的或实际的问题，从而推动学术的进步。为此，每个研究者都应该不畏艰难，潜心研究，写出有创见的论文，作出自己的一份贡献。这于社会、于自己都有益处。对社会来说，是为学术大厦的建设添加了一砖一瓦；对自己来说，是个人的生命价值的实现和确证。学术研究中最主要的不道德行为是进行剽窃、抄袭和作伪以谋取私利。剽窃者和作伪者各怀不同的目的，或是评职称，或是求学位，或是沽名钓誉，不管出于什么目的，这种不道德

[①] 顾颉刚：《怀疑与学问》，载老品、柯杨选编《学海无涯苦作舟：名人谈治学》，同心出版社1999年版，第16页。

行为的后果都是一样的,那就是危害社会,戕贼自身。对于社会来说,这种行为严重地败坏了学界风气;对于个人来说,无异于窃贼、骗子,一旦被揭发出来,就会落得个身败名裂。

为了从根本上端正学术道德,杜绝种种不端行为,我很赞成梁启超的看法,那就是学者应养成"学者的人格"。什么是"学者的人格"呢?梁启超说:"所谓'学者的人格'者,为学问而学问,断不以学问供学问以外之手段。故其性耿介,其志专一,虽若不周于世用,然每一时文化之进展,必赖有此等人。"[1] 王国维持同样的看法,他写道:"欲学术之发达,必视学术为目的,而不视为手段而后可。"[2] 所谓"为学问而学问"亦即"视学术为目的",讲的是对待学问的一种态度,其要义就是要以学问本身为目的,而不要把学问当成求名利、邀恩宠的手段;就是要捍卫学问的尊严与纯洁,攘除学问之外的各种因素,比如权势的干涉与名利的诱惑。学者的人格是由学术的本性所决定的。学术必须以其自身为目的,而不被当作他者的工具,才能发展、繁荣,如王国维所说:"未有不视学术为一目的而能发达者,学术之发达,存于其独立而已。"[3] 因此,以学术研究为职业、为生命的学者,就必须具有为学

---

[1] 梁启超:《清代学术概论》,第96页。
[2] 《王国维文集》,北京燕山出版社1997年版,第330页。
[3] 《王国维文集》,第332页。

问而学问的人格。真正的学者和科学家都会认同"为学问而学问"的原则。法国物理学家彭加勒（Jules Henri Poincare，1854—1912）表示："我希望捍卫为科学而科学的准则。"①

让我们来看一些"学者的人格"的榜样吧。我国春秋时期齐国的太史堪为"为学问而学问"的不祧之祖。在某种意义上说，史官也是历史学者，他为历史学记录与保存历史事实，为历史学提供最基本的材料。齐国太史有什么样的作为呢？齐国大臣崔杼谋杀了齐庄公，齐太史秉笔直书："崔杼弑其君。"崔杼怒而杀了太史。太史的两个弟弟照样接着写，都被杀了。太史的第三个弟弟仍然照样写，崔杼不得不放过了他。还有一个南史氏听说太史一家被杀了三人，就写好了内容相同的竹简要去见崔杼，得悉此事已了才算作罢。② 齐太史兄弟四人及南史氏为了保存历史真相、尊重历史事实，不惜以牺牲生命为代价，这就是为学问而学问的学者的人格。我们再来说一个"为学问而学问"的楷模吧。布鲁诺（Giordano Bruno，1548—1600）是一位意大利天文学家、哲学家，他旗帜鲜明地反对被教会奉为神圣不可侵犯的托勒密的地心说，无所畏惧地坚持与之对立的哥白尼的日心说，因触犯了教会而被宗教裁判所

---

① ［法］彭加勒：《科学的价值》，光明日报出版社1988年版，第345页。

② 《左传·襄公二十五年》。

处以火刑。布鲁诺宁死不屈，他豪迈地宣称：为真理而斗争是人生最大的乐趣。他为坚守"为学问而学问"的原则而献出了自己的生命。

或许有人会问，为学问而学问是不是不管学问之有无用处呀？我以为梁启超对这个问题的看法确有见地。他说："就纯粹的学者见地论文，只当问成为学不成为学，不必问有用与无用，非如此则学问不能独立，不能发达。"① 至于讲到学问的有用与无用，可以说凡能成为学问者，皆有其用处，有其价值。一切学问皆以探求真理为旨归。每一门学问把它的领域内的真理揭示出来了，这不就是它的用处、它的价值吗？再说，为学问而学问的原则并不是要把学问关在象牙塔里，与世隔绝。决非如此。为学问而学问的原则并不反对和排斥学问对现实社会的有用性。拿历史研究来说吧。研究历史似乎跟现实生活有距离。其实，研究历史于现实很有用。其用处就在于以史为鉴，资治当世。用《资治通鉴》作者司马光的话说，就是"鉴前世之兴衰，考当今之得失"。以为学问而学问的态度来研究历史，就是要求尊重历史，忠实于历史，以揭示历史的真相为标的，写出真实的而非虚假的历史。这样恰恰能使历史研究这门学问更好地发挥出它应有的作用。

同"为学问而学问"这个准则密切相关的一个问题是

---

① 梁启超：《清代学术概论》，第45页。

学术上的诚实与卑鄙。马克思对这个问题甚为关注。学术上的诚实，就是坚守自己经过研究而得到的（不管它是正确的还是错误的）观点，不因外力的影响而改变。马克思非常推崇这种态度。他认为，英国经济学家李嘉图就是一位具有诚实态度的学者。马克思指出，李嘉图以发展生产力为评价经济现象的基本原则，他忠实于这个原则。因此，对他来说，生产力的进一步发展究竟是毁灭土地所有权还是毁灭工人，这是无关紧要的。如果这种进步使工业资产阶级的资本贬值，他也是欢迎的。如果说他的观点整个说来符合工业资产阶级的利益，这只是因为工业资产阶级的利益符合生产的利益，或者说，符合人类劳动生产率发展的利益，并且，以此为限。凡是资产阶级同这种发展发生矛盾的场合，他就毫无顾忌地反对资产阶级，就像他在别的场合反对无产阶级和贵族一样。① 与此相反，为了维护某个阶级或集团的私利，来建立自己的观点，或者随意改变自己的观点，使之与某个阶级或集团的私利相符合，这就是学术上的卑鄙。马克思写道："一个人如果力求使科学去适应不是从科学本身（不管这种科学如何错误），而是从外部引出的、与科学无关的、由外在利益支配的观点，我就说这人'卑鄙'。"② 在马克思看来，英国

---

① 《马克思恩格斯全集》第 26 卷第 2 册，人民出版社 1973 年版，第 125 页。
② 《马克思恩格斯全集》第 26 卷第 2 册，第 126 页。

经济学家马尔萨斯就是这样的卑鄙之徒。他也鼓吹发展生产。为了发展生产，他把工人贬低到驮畜的地位。然而，同样的生产的要求，当它威胁到地主的地租、教会的什一税时，当贵族的某种利益同资产阶级的利益相对立时，他就不是为了生产的利益而牺牲特殊利益，而是竭尽全力企图为了现有社会统治阶级或统治阶级集团的特殊利益而牺牲生产的要求。为此目的，他不惜在科学的领域内伪造自己的结论，就是说，他为了统治阶级的利益不惜伪造科学。① 像这样的学术上的卑鄙之事，在学界并不鲜见，所以值得我们警惕。有的人在学术上并无定见，他的观点随时可以改变，紧紧随着政治之风、舆论之风转，就像风信鸡随着风向转一样，这就是学术研究上的"风派"。

学者的人格突出地表现在两个方面：第一，对学问要怀敬畏之心；第二，做学问要有诚实之德。学问是追求真理的事业，能不敬畏？对学问常怀敬畏之心，才会生发出把毕生的心血投入学问的志向，才会把学问本身作为目的来研究，而不是把学问仅仅当作工具和手段，去为学问之外的目的效劳，这样才能真正做到"为学问而学问"。以诚实的品格来做学问，才能保持学术的良心，尊重事实，信守自己由研究得来的观点，有一说一，有

---

① 《马克思恩格斯全集》第26卷第2册，第127页。

二说二，只说真心话，不说违心话。季羡林以这样的话自勉："真话不全说，假话全不说。"我看此话亦可作为学人的座右铭。

第五节　学习论文写作的门径

学习学位论文的写作应从何处入手？我认为有两个门径。

第一，要了解学位论文写作的步骤、方法以及所应遵循的一些规律。不了解这些，到写论文时就会茫然不知所措；如果贸然落笔，就难免走许多弯路，必将导致事倍功半的结果。本书的目的就在于讲清楚论文写作的基本规律和基本知识。这些规律和知识，是从许多学者的经验之谈中提炼、萃取出来的，这些规律和知识是可教可学的。孟子说："梓匠轮舆，能与人规矩，不能使人巧。"（《孟子·尽心下》）要制造一辆车，是需要懂得一些专门的知识，掌握一些特殊的技术的。比如，拼接车厢的几块木板各是多少长短宽窄？用什么技术才能把一些木板无缝地拼接成车厢？还有，我们都知道，在孟子那个时代，车轮也是用木头做的。这样问题就来了，怎样才能把木头"辇以为轮"，就是把直挺的木头弯曲成圆形的车轮呢？要知道和做到这一切，就需要专门的知识和特殊的技能，即孟子所说的"规矩"。制车师傅的职责就是把这些规矩传授给徒弟，徒弟只要学到了这些规矩，就一定能造出一辆合格的车来。而不懂这些规矩的外行人，是肯定造不成车的。不过，师傅只能保证教会徒弟造出一辆车来，至于车造得好不好、巧不巧，那就不决定于师傅，而取决于徒弟本人的心智、才能和创造性了。学习学位论文的写作与学习制作车辆，在方法论上有相通之处，所以孟子的话对学习论文写作的学子也是有教益的。清代文史大家章学诚认同孟子的观点，他说："学文之事，可授受者，规矩方圆；其不可授受者，心营意造。"① 梁启超有相同的看法，他认为，懂得写论文的规矩，对于做成乃至做好一篇论文至关重要。他说："文章做得好不好，属于巧拙问题；巧拙关乎天才，不是可以教得来的。如何才能做成一篇文章，这是规矩范围内的事；规矩是可以教可以学的。我不敢说，懂了规矩之后便会巧；然而敢说懂了规矩之后，便有巧的可能性。又敢说不懂规矩的人，绝对不会巧；无规矩的，绝对不算巧。"② 因此，对于未曾涉足此道的学子来说，学一点撰写学位论文的"规矩"是很有必要的。

第二，多看写得好的学术论文，从范文中用心地体会论文写作的方法和规律。前面所说的"规矩"，无论是制造车辆的规矩，还是写作论文的规矩，都是从各自的

---

① 章学诚：《文理》，《文史通义校注》上册，中华书局1985年版，第288页。

② 夏晓虹编：《梁启超文选》下册，第110页。

实践中抽象出来的一些干巴巴的知识和规律。了解这些是必要的，但还是不够的，还需要结合范文来体会这些规律。金代诗人元好问的《论诗绝句》中有这样的话："鸳鸯绣成从教看，莫把金针度与人。"说的是绣花姑娘绣成了一对栩栩如生的戏水鸳鸯，任你欣赏，引你赞叹，但是，不要把"金针"即刺绣的技术、方法、诀窍传给别人。我想，元好问的用意是否在于：刺绣的技术、方法、诀窍暗含在、隐藏在绣成的鸳鸯里，你只要细心观察，用心琢磨，潜心揣摩，就能够得到它，而由此而来的心得要比他人传授给你的干巴巴的规矩更加让人感受真切、印象深刻。元好问鼓励人们从艺术作品学习、领悟艺术创作的规律和方法，这里是有深意的。晋代文豪陆机正是用这个方法来体味艺术创作的规律的。他在专论艺术创作规律的《文赋》中劈头就说："余每观才士之所作，窃有以得其用心。"就是说，陆机在欣赏才士的作品的时候，总要琢磨并领悟他们的"用心"，即作品中匠心独运的妙处，进而提炼出艺术创作的规律。宋代文豪欧阳修认为，学写文章的秘诀就是要做到三多，即"看多、做多、商量多"。看多，就是多看文章，特别是范文；做多，就是多多动手写作；商量多，就是写了文章要多多地请人批评、指点。

上述两条门径、两个办法，各有用处，相辅相成。把这两者结合起来，就可以收到最好的效果。

第 一 章

选题与命题

第一节 "成功机会一半以上就在选题"

撰写学位论文的第一步是选题。选题就是确定学术研究的课题。课题选得好不好、对不对，对于研究成果的价值具有决定性的影响。诚如哲学家张世英所说："能提出像样的问题，不是一件容易的事，但这对于决定一篇论著的内容和价值来说，却是一件很重要的事。说它不容易，是因为提问题本身就需要研究；一个不研究某一行道的人，不可能提出某一行道的问题，也正因为要经过一个研究过程才能提出像样的问题，所以我们也可以说，问题提得像样了，这篇论文的内容和价值也就很有几分了。这就是选题的重要性之所在。"[①] 法国历史学家、《旧制度与大

[①] 张世英：《谈谈哲学史的研究和论文写作》，载王力、朱光潜等《怎样写学术论文》，北京大学出版社1981年版，第59页。

革命》一书的作者托克维尔（Alexis de Tocqueville, 1805—1859）甚至说："成功机会一半以上就在选题，不仅因为需要找一个公众感兴趣的主题，尤其因为需要发现一个能使我自己也为之振奋并为之献身的主题。"①

让我们多听听著名的学者和科学家对于选题的重要性所发表的见解吧。

英国物理学家贝尔纳（J. D. Bernal, 1901—1971）认为，选题是研究战略的起点。他写道："课题的形成和选择，无论是作为外部的经济技术要求，抑或作为科学本身的要求，都是科研工作中最复杂的一个阶段。一般说来，提出问题比解决问题更困难。如果再加上人力和设备都有一定的局限，则产生的课题之多是无法一下子全部解决的。所以评价和选择课题便成了研究战略的起点。"② 爱因斯坦进一步指出，提出问题不仅比解决问题更困难，而且也更重要。因为发现并提出一个新问题就意味着科学走向一个新的节点，他写道："提出新的问题，新的可能性，从新的角度去看旧的问题，却需要有创造性的想象力，而且标志着科学的真正进步。"③ 因此，德国哲学家汉斯－格

---

① ［法］托克维尔：《旧制度与大革命》，商务印书馆2012年版，第2页。

② ［英］J. D. 贝尔纳：《科学研究的战略》，载《科学学译文集》，科学出版社1980年版，第28—29页。

③ ［美］爱因斯坦、英费尔德：《物理学的进化》，上海科学技术出版社1962年版，第66页。

奥尔格·伽达默尔（Hans-Georg Gadamer，1900—2002）说："对于研究者来说，在科学中具有决定意义的就是发现问题。"[①] 选题的任务就是善于发现问题，并且把所发现的问题确定为科研的课题。

选对了题，选了一个好题，不仅对论文的内容和价值具有决定性的意义，而且对研究工作本身也有巨大影响。因为如果选对了题，选了一个好题，研究者就会对自己的工作充满信心，从而激发出强大的动力和冲天的干劲，以坚韧不拔的意志和百折不挠的精神去完成它，就像托克维尔所说的那样，一个好题能让作者"为之振奋并为之献身"。

有必要提起注意的一点是，没有经验的、初写学位论文的学子，往往对选题的重要性认识不到或者认识不足，因此没在选题上面多花心思就轻易地把选题定了下来，这会对论文的价值以及论文的写作产生不利的影响。所以我们在这里提醒青年学子，对选题的重要性一定要有高度的认识，选题一定要慎重、精心。

第二节　选题的原则

怎样选题才能选得对、选得好呢？一般来说，选题需

[①] ［德］伽达默尔：《真理与方法》，洪汉鼎译，商务印书馆2007年版，第62页。

要依循如下原则。

第一，价值性原则。

所谓价值，就是于世人、于社会有益、有用。学术论文首先要有价值，没有价值的论文等于废纸一堆。诚如汉代的王充在《论衡·自纪》中所说的："为世用者，百篇无害；不为用者，一章无补。"

怎样才能使论文有价值呢？一定要适应社会的需要。这可从两个方面来说：一是抓住现实生活中迫切需要解决的问题，进行研究，发表意见，提出办法，这样的论文就有现实意义。二是探索和求解某一学术领域中的疑难问题，从而推动学术的进步，这样的论文就有理论意义。

下面分别举例来说一说具有这两种意义的论文选题。

1938年5月，大多数国人对抗战的前途和过程究竟会是怎样的，心里都没有底，有许多疑惑。毛泽东《论持久战》一文的开头就列举了人们的种种疑惑：战争的过程会是什么样？能胜利还是不能胜利？能速胜还是不能速胜？很多人都说持久战，但是为什么是持久战？怎样进行持久战？很多人都说最后胜利，但是为什么会有最后胜利？怎样争取最后胜利？毛泽东指出："这些问题，不是每个人都解决了的，甚至是大多数人至今没有解决的。"于是，毛泽东就针对这些问题发表了《论持久战》的著名演说。这篇演说通过严密的论证，极具说服力地解释了上述种种疑问，最后得出了这样一个观点：抗日战争是持久战，最后胜利是中国的。① 中国共产党据此为中国人民的抗日战争制定了正确的战略方针，并领导中国人民夺取了抗日战争的最后胜利。历史业已证明，当年的"论持久战"这个选题是有巨大的现实意义的。

现在来看具有理论意义的文章的例子，如音乐美学家于润洋所写的《歌剧〈特里斯坦与伊索尔德〉前奏曲与终曲的音乐学分析》。他首创音乐学分析的概念，这篇文章就是音乐学分析的一个范例。以往，对音乐作品的分析有两种情况：一种是对音乐作品做单纯的技术分析，就是分析作品的曲式、调性、和声、节奏等音乐元素的特点而不及其他。例如，对于德彪西的钢琴序曲《水仙女》的主题是这样分析的："这是一个由上到下的、夹有小二度在内的八度进行，停顿并持续在 a 音上。接着右手在中音区浮现的增二度和 12 连音的音阶进行，具有花斑式的织体特点，表现了飘忽不定的朦胧气氛。"这种分析乃是音乐家之间的密语，一般的音乐爱好者是听不懂的，因而对他们欣赏乐曲没有多大帮助。另一种是求索音乐作品的内涵（意义），却没有音乐技术分析的支撑。例如，对于贝多芬的第三交响曲（"英雄"）第三乐章的分析："音乐充满活力和乐观情绪，前后两部分是闪电般急速迅猛的音调，中间部分是象征着光明未来的号角之声，一个英雄倒下去，

---

① 《毛泽东选集》（一卷本），人民出版社 1966 年版，第 504 页。

千百万人民站起来。"在这种分析里,曲调与其内涵之间存在着明显的隔膜,没有找到把曲调与其内涵联结起来的中间环节,看不到从曲调到内涵的合理过渡,因而这种分析让人觉得空洞而不切实。于润洋主张把上述两种分析有机地、紧密地结合起来,他把这样的分析称为"音乐学分析"。他指出:"一部比较严肃、深刻的音乐作品在我们的听觉感知能够把握的音乐本体后面,总是潜藏着某种精神内涵。"音乐学分析的任务,就是要把音乐本体同潜藏在它里面的精神内涵之间的内在联系及联系方式揭示出来,换个说法,就是要说清楚潜藏在音乐本体中的内涵是以何种方式得到表现的。让我们举个小小的例子来看看音乐学分析方法的实际运用吧。于润洋对歌剧《德里斯坦与伊索尔德》的前奏曲进行了分析,指出它的和声风格的特征之一是调性游移。他首先从作曲技法上对前奏曲的调性游移的情况作了非常具体而细致的描述,这是非常专业的技术分析。然后,他从这样一种特殊的调性结构中挖掘出了它所蕴蓄的内涵,他写道:"在《前奏曲》长达十几分钟的音乐中,作为核心调性的 a 小调主和弦始终没有出现,这种极为罕见的现象显然是作曲家出于一种特殊的艺术表现目的而刻意构思的。它使听者在感受它的过程中形成这样一种心理体验:似乎总是在期待着什么,渴望着什么,然而却又总是找不到归宿，得不到解脱。"① 对音乐作品的这样一种分析方法，一方面把作品所体现的作曲的技法、技巧剖析得淋漓尽致，另一方面对作品所蕴蓄的内涵的诠释又很贴切、恰当、丝丝入扣。音乐学分析的提出，是音乐理论上的一大创新。

有的文章澄清了一个事实，尤其是重要的事实，当然也是有价值的，比如王国维的《西域井渠考》。法国人伯希和认为，中国新疆的井渠（坎儿井）是从波斯（伊朗）传入的。王国维不同意这个观点。他查阅并援引了《史记》《汉书》《北史》等大量史料，证实坎儿井的创始者乃是新疆人，后来坎儿井才传到他国。

第二，创新性原则。

学术论文必须有创见，才能真正有价值。选了一个好题，如果拿不出创见，论文的价值就要大打折扣。没有创见，就没有进步。所以可以说，有创见，出新意，乃是学术论文的灵魂。南北朝时的文论家刘勰认为，议论文贵在"师心独见"（《文心雕龙·论说篇》），就十分推崇论文的独创性。陈寅恪在对某学生的论文的评语中写道："论文要有创见。"② 《中华人民共和国学位条例暂时实施办法》对硕士论文的要求是：对所研究的课题应当有新的见解，

---

① 于润洋：《音乐史论问题研究》，福建教育出版社1997年版，第224页。
② 《陈寅恪集·讲义与杂稿》，生活·读书·新知三联书店2002年版，第461页。

对博士论文的要求是：在科学或专门技术上做出创造性的成果。这样的要求是非常必要而且完全合理的。

老子自称持有三宝，即"慈""俭"和"不敢为天下先"（《老子》第六十七章）。所谓三宝就是三种德行。"不敢为天下先"这一条却为论文写作者所不取，恰恰相反，论文写作追求的就是要独创、有创见，为此正需要敢为天下先的气概。

大学者季羡林十分强调学术论文的创新性，他把他的一个重要的人生感悟写成一篇文章——《没有新意，不要写文章》。他在文中写道："论文的核心是讲自己的看法、自己异于前人的新意，要发前人未发之覆。有这样的文章，学术才能一步步、一代代向前发展。"[①] 这个人生感悟是他从自己的一段刻骨铭心的经历中得来的。1936年，他在德国哥廷根大学师从瓦尔德施米特教授学习梵文和巴利文。第四个学期念完，就开始慢慢写论文，论文的题目是"《大事》伽陀中限定动词的变化"。他觉得应在论文前写上一篇有分量的长长的绪论，认为只有这样论文才显得有气派。他翻阅了大量用各种文字写的论文，做笔记、做卡片、写提纲，经过了大约一年多的时间，终于写成了一篇长长的绪论。可是，教授看了之后，只在绪论的第一行前

---

① 季羡林:《没有新意，不要写文章》,《我的人生感悟》,中国青年出版社2007年版,第95页。

加了一个前括号，在最后一行加了一个后括号，把绪论全部否定了。教授对他说："你的文章费劲很大，引书不少，但是根本没有自己的创见。看上去面面俱到，实际上毫无价值。"① 这使他受到了剧烈的震动，他由此得到了一个深刻的教训，就是："没有创见，不要写文章。"这个教训成了他撰写学术论文的座右铭。

第三，小而大原则。

小，说的是选题的范围要狭小。梁启超在《指导方针及选择研究题目之商榷》一文中指出："选择题目，不可太大。大了无法指导，并且容易犯空疏笼统的毛病。题目范围要明了，要狭小，最大限度也需一年之内能够彻底研究终了的。"② 梁启超认为，清代正统派治学的成功经验之一就是"为'窄而深的研究'"。③ 陈寅恪在对刘钟明的论文《有关云南之唐诗文》的评语中也表达了这个意思，他写道："此论文范围甚窄，故所收集之材料可称完备。且考证亦甚审慎。"④ 两位学者都用了一个"窄"字，青年学子在研究选题时需要切记。

那么，大是什么意思呢？大，说的是要用小题目做大

---

① 季羡林：《朗润琐言》，上海文艺出版社1997年版，第48页。
② 夏晓虹编：《梁启超文选》下册，中国广播电视出版社1992年版，第445页。
③ 梁启超：《清代学术概论》，东方出版社1996年版，第44页。
④ 《陈寅恪集·讲义与杂稿》，第458页。

文章。胡适在《吴淞月刊》发刊词中说："我们要'小题大作'，切忌'大题小作'。例如顾亭林举一百多个例来证明'服字古音逼'，这是小题大作。若作二三百字来说'统一财政'或'分治合作'，那便是大题小作，于己于人都无益处。"[①] 小题大作才能把问题讲深讲透，大题小作对问题只能浮皮潦草泛泛而谈。可以打个比方说，"小题大作"就是打一眼深井，窄而深；"大题小作"就是挖一口池塘，宽而浅。

第四，可行性原则。

选好题之后，还要做可行性研究，就是考虑你是否具备条件把这个课题顺利完成。条件分两个方面，即客观条件和主观条件。客观条件大致包括以下几个方面：（1）资料。资料是进行学术研究的基础，没有资料或资料缺乏，学术研究就无法进行或者会碰到很大的困难，就像没有建筑材料便无法盖房一样。确定选题时，材料是首先必须考虑的。（2）时间。学位论文是必须在规定的、有限的时间内完成的。为此，你就必须考虑所选课题的大小规模和难易程度，要以能在限定的时间内完成为尺度来考虑。（3）导师。所选课题最好是在你导师的擅长领域之内，这样你就能得到导师最切实、有效的指导和帮助。否则，你可能会陷入孤立无援的困境。主观条件包括以下几个方

[①]《胡适文集》第4册，北京大学出版社1998年版，第544页。

面：（1）知识结构。做不同的课题，需要具备与之相应的不同的知识储备。选题的时候，你就要考虑你是否具备做这个课题所需要的相关知识。比如，你要研究孔子的文艺思想，至少要有阅读古汉语的能力，还要对春秋时期的历史和文化比较熟悉。（2）兴趣。兴趣是科学研究的强大的内在动力。研究自己感兴趣的课题，不仅会激发出巨大的热情和干劲，还会让人觉得做研究是一件快乐的事情。（3）能力。要考虑你的科研能力同所选课题的难易程度是否相当。所谓"相当"是这样一种情况：以你既有的科研能力来说，做这个课题既不太容易，也不太困难。不太容易，指的是你如果不做进一步的努力，是无法完成这个课题的；不太困难，指的是你如果努一把力，就一定能完成这个课题。

著名武侠小说家金庸做学位论文的经历，告诉我们选题遵循可行性原则的必要性。金庸八十多岁到英国剑桥大学求学。他的学位论文选题几经波折，颇不顺利。最初的选题是"匈牙利人和匈奴人的关系"。但是这个选题没有通过。什么原因呢？金庸自述道："这个题目说出来，当场有一个教授是研究匈牙利的权威，他说，有一本关于匈牙利的书，你觉得里面有什么地方写错了？我说，不好意思，你说的这本书我没有看过。他又说，那没有关系，还有一个德国学者，19世纪的，关于匈牙利他有一个什么意见，你认为这个意见对不对？我说我也没看过，对不起。

他说，这两本书是研究匈牙利的权威著作，你都没看过，那对匈牙利的研究还是不够的。然后他又讲了一通匈牙利文，问我什么意思。我说对不起，我也不懂匈牙利文。他说那个题目你不能做的，要不我先介绍你到匈牙利去学匈牙利文。"之后，金庸想写大理和唐朝的关系，因为他到过云南大理，而且在小说中写到过大理。针对这个选题，有一个权威专家出来讲了一通藏语，问金庸这是什么意思。金庸说："对不起，我不懂藏语。"于是这位专家说："那你不懂藏语也不能做这个题目。因为大理和西藏的关系很密切，大理的文化是归于西藏的，研究大理不懂藏文是不利的。"[①] 专家否定这两个选题，是因为金庸不具备做这两个课题的条件。

第三节　选题的方法

进行选题之前，必须做一件事，那就是对你所研究的学术领域中的学术成果与问题作一番普查，这是进行正确而有效的选题的前提。胡适把这项工作比作商人的年终结账。他在《〈国学季刊〉发刊宣言》中写道："商人开店，到了年底，总要把这年的账结算一次，要晓得前一年的盈

[①] 康伟、张宽：《金庸：香港回归是历史主流》，《中国艺术报》2007年7月3日。

亏和年底的存货，然后继续进行，做明年的生意。一种学术到了一个时期，也有总结账的必要。学术上结账的用处有两层：一是把这一学术里不成问题的部分整理出来，交给社会；二是把那不能解决的部分特别提出来，引起学者的注意，使学者知道何处有隙可乘，有功可立，有困难可以征服。结账是：（1）结束从前的成绩，（2）预备将来努力的方向。"[1] 这种年终结账式的学术普查有两个益处：（1）对学术领域里的成绩和问题有了全面的了解和掌握，选题就有了可靠的基础和根据。（2）对所有的可探讨的问题进行了分析、比较，选题就会比较恰当。季羡林同胡适的看法完全一致，他说："研究一门学问，或者研究一个专题，第一步工作就是了解过去研究的情况和已经达到的水平。要做到这一步，必须精通这一学问或者这一个专题书目。这一件工作不做或者做不好，自己的研究工作就不能开始。因为，如果不了解过去的研究情况，不知道什么问题已经解决，什么问题还没有解决，什么问题已经解决到什么程度，而贸然下手，必然会闹出笑话。别人已经解决的问题而你还死啃不休；别人已经有充分理由证明此路不通，而你还死钻不止，其结果必然是浪费精力，南辕北

---

[1] 欧阳哲生编：《胡适学术文化随笔》，中国青年出版社1996年版，第95页。

辙。"① 只有按照胡适和季羡林所说的去做，才可以避免出现歌德所讽刺的情况，歌德说："蠢人总是提出千百年前的聪明人已经回答了的问题。"②

在打下进行选题的基础之后，又如何着手具体的选题呢？大学者们为我们指示了几个方向或者说方法。

一是做前人未做过的题目。梁启超在《指导方针及选择研究题目之商榷》一文中指出："题目须前人所未作。"③ 王国维的《宋元戏曲考》就是选了一个新题目，出了一部创新性的著作。王国维痛感于"能道人情、状物态、词采峻拔"之元曲，硕儒们鄙弃它，一些涉猎元曲的学者则未能窥其堂奥。他担心关于元人戏曲的文献因此而被湮没，于是就对元人戏曲做了系统的、深入的研究，结果写成了此书。他在该书自序中写道："凡诸材料，皆余所收集；其所说明，亦大抵余之所创获也。世之为此学者自余始；其所贡于此学者，亦以此书为多。非吾辈才力过于古人，实以古人未尝为此学故也。"④

二是对于前人做过的题目，觉得不满意，于是重新做一次。梁启超说，有的题目，"前人作得不满意，亟需改

---

① 季羡林：《从学习笔记本看陈寅恪先生的治学范围和途径》，载《追忆陈寅恪》，社会科学文献出版社 1999 年版，第 145 页。
② 《歌德的格言和感想集》，中国社会科学出版社 1982 年版，第 102 页。
③ 夏晓虹编：《梁启超文选》下册，第 445 页。
④ 《王国维文集》，北京燕山出版社 1997 年版，第 51 页。

作"。① 这样的事可多啦，比如，关于什么是美的问题，众说纷纭，各执一词，于是文章一篇又一篇地出；又如，《中国文学史》一本又一本地出了好多本，都是由于对别人的著作不满意，就自己动手写一篇、写一本。

三是用新观点看老问题。爱因斯坦和英费尔德在谈到物理学的创新时，"特别强调用新的观点来研究已知的情况的重要性"。② 用新观点来研究老问题，就会有创新，就会出新见，他们举例说："惯性原理、能量守恒定律，都只是运用新的和独创的思想去对付已经熟知的实验和现象所得来的。"为什么会这样呢？原因有两个：第一，用新观点去看老问题，会使我们对老问题所具有的某种性质产生新看法、新评价。第二，用新观点去看老问题，还使我们可能发现、发掘出老问题所蕴涵却未曾为人们所见到的新性质。以对洋务运动的评价为例。在改革开放之前，人们用僵化的阶级斗争的观点来观察一切，洋务运动被认为是完全反动的历史事件，只要对洋务运动稍作肯定，都会受到批判。改革开放以后，政治思想领域出现了宽松的氛围，而且"以经济建设为中心"的思想深入人心，就有学者敢于用两点论的观点来看待洋务运动，认为洋务运动具有两重性，既有政治目的的反动性，又有促进经济发展的

---

① 夏晓虹编：《梁启超文集》下册，第445页。
② [美] 爱因斯坦、英费尔德：《物理学的进化》，第66页。

进步性。对西方现代派艺术的评价也存在这种情况。改革开放之前，在刻板的意识形态支配之下，西方现代派艺术一概被指斥为没落的、腐朽的资产阶级的艺术。改革开放之后，人们用开放的、宽容的态度来看待西方现代派艺术，认为从总体上看，它是艺术的一种新形态，不失为艺术百花园中的一株奇葩。

四是关注新情况、新事物。历史在发展，社会在前进，新情况、新事物层出不穷。新情况、新事物需要我们去认识、去说明，因此新课题比比皆是。陈寅恪在《〈陈垣敦煌劫余录〉序》中指出："一时代之学术，必有其新材料与新问题。取用此新材料，以研求问题，则为此时代学术之新潮流。治学之士，得预潮流者，谓之预流（借用佛教初果之名）。其未得预者，谓之未入流。此古今学术之通义，非彼闭门造车之士所能同喻者也。"[①] 改革开放使我国社会各个领域都发生了巨大的变化，从而向各个领域的学者提出了需要加以探讨和研究的许多新问题、新课题。以经济领域来说吧，市场经济啦，股票啦，证券啦，民营企业啦，等等，冒出了多少新事物，产生了多少新课题啊。

五是"从杂志缝里找题目"。这是季羡林的经验之谈。

---

① 《陈寅恪集·金明馆丛稿二编》，生活·读书·新知三联书店2001年版，第266页。

他说："真正懂科学研究的人，新题目往往是从杂志缝里找到的。所谓'杂志缝里'指的是别人的文章。读别人的文章时，往往顿时发现其中的不足之处，灵机一动，自己提起笔来，写一篇文章，加以补充，或加以纠正。补充和纠正都是进步。"① 这确实是一个很顶用的好方法。不过，运用这个方法，有一个前提，那就是读别人的文章，要勤于思索，善于质疑。德国哲学家恩斯特·卡西尔（Ernst Cassirer，1874—1945）的名作《人论》就是从书缝里找到的题目。生物学家乌克威尔写过一本书，他在书中提出，一切生命体靠两套系统来适应或符合环境，即一套察觉之网和一套作用之网——一套感受系统和一套效应系统。这两套系统被联结在同一个系列之中，乌克威尔把这个系列称为"动物的功能圈"。卡西尔读了乌克威尔的书之后，提出一个疑问：乌克威尔的图式能够用来描述并充分表示人类世界的特征吗？经过研究，卡西尔发现，与动物的功能圈相比，人类的功能圈不仅在量上有所扩大，而且经历了一个质的变化。除了在一切动物种属中都可看得到的感受系统和效应系统之外，在人那里还发现可称之为符号系统的第三环节，它存在于前述两个系统之间。这个新的获得物改变了整个人类的生活。人不再生活在一个单纯的物理宇宙之中，而是生活在一个符号宇宙之中。语言、神

---

① 季羡林：《学问之道》，沈阳出版社2002年版，第47—48页。

话、艺术和宗教则是这个符号宇宙的各部分，它们是组成符号之网的不同丝线。人是如此被包围在语言的形式、艺术的想象、神话的符号以及宗教的仪式之中，以致除非凭借这些人为媒介物的中介，他就不可能看见或认识任何东西。准此，卡西尔认为，我们应当用把人定义为符号的动物来取代把人定义为理性的动物。① 卡西尔《人论》的观点就来自乌克威尔的书的启发以及对它的超越。

选题的方法不止于此，我们姑且就说这些了。

第四节　命题

俗话说："看书先看皮，看报先看题。"这话不无道理，因为第一，见题思义，由题目可以想见文章的内容，由此可以判断这文章是不是你想要看的。第二，精彩的标题会产生磁石吸铁般的效应，引起读者的注意和兴趣。可以说论文的题目是论文的画龙点睛之笔，因此，有"题好一半文"的说法。由此看来，对论文的命题不可小觑。

那么，怎样才能拟出一个好的题目来呢？一般来说，应注意以下几点。

---

① 参见［德］卡西尔《人论》，上海译文出版社1995年版，第31—34页。

第一，题目应是本文内容的结晶。这样，让人一看题目，就能明了这篇论文的内容，如《资本论》《清代学术概论》，就符合这个要求。1976年8月5日《光明日报》刊登了朱湘远的文章，呼吁为马寅初的新人口论翻案。文章不算长，标题很精彩。标题为"错批一人，误增三亿"，高度凝练。有一本书题目叫做"中国不高兴"。该书作者说，这本书按其内容来说，更适合的应是类似于"中国未来三十年的目标"这样的题目，用"中国不高兴"是为了市场的推广。从纯粹的学术论文题目的标准来看，"中国不高兴"明显地题不对文。至于以利于营销为目的来为论文拟题的问题，不在本书讨论范围之内。

第二，题目的用词力求凝练、简洁。毛泽东在编辑《中国农村的社会主义高潮》一书时，为一些文章改了题目，如将"大泉山怎样由荒凉的土山成为绿树成荫，花果满山？"改为"看！大泉山变了样"。毛泽东的"新民主主义论"最初发表时题名为"新民主主义的政治与新民主主义的经济"，后来出小册子时改为现名，这一改简洁多了。有一篇文章的题目是"为什么必须坚持改革开放不动摇而不能走回头路"。这个标题语言啰唆，改为"必须坚持改革开放不动摇"即可，"为什么"与"不能走回头路"的意思都可以包含在所改的题目中。

第三，题目力求醒目、有文采。应该说，这是更高的要求。鲁迅的一个文集，原名为"旧事重提"，太一般化了，后改名为"朝花夕拾"，意味蕴藉，比喻生动。美国学者鲁思·本尼迪克特（Ruth Benedict）写了一本研究日本民族特点的书。作者称此书的目标是"描写出（日本民族的）根深蒂固的思维与行为模式"。那么，日本民族的思维与行为模式的特点是什么呢？作者认为："日本人既好斗又和善，既刻板又富于适应性，既顺从又不甘任人摆布，既忠诚不二又会背信弃义，既勇敢又胆怯，既保守又善于接受新事物，而且这一切相互矛盾的气质都是在最高的程度上表现出来的。"[①] 因此，她把这本书题名为"菊花与刀"，而用了一个副标题，即"日本文化的诸模式"。日本人喜欢菊花，菊花是日本皇室的家徽；日本人喜爱刀，刀是日本武士道文化的象征。菊与刀，是日本文化中具有鲜明特点的两个元素，又是性质截然不同的一柔一刚的两个事物，这两者的结合，恰好表现了日本民族的特点。这个题目确实拟得精彩。看来使用正、副标题相结合的做法是使论文题目出彩的一个好方法。使用这个方法为论著命名的情况并不鲜见，现再举一例。英国人詹·乔·弗雷泽（J. G. Frazer，1854—1941）写了一本书，书名是"金枝"，副题是"巫术与宗教之研究"。副题标示出了该书的内容，以副题作该书的书名，完全可以，只是比较平直，缺少趣

[①] [美] 鲁思·本尼迪克特：《菊花与刀》，九州出版社 2005 年版，第 3 页。

味。"金枝"是古罗马跟巫术有关的一种习俗，用"金枝"来为该书命名，就为该书平添了几许趣味性和吸引力。请容我谈谈本人使用这个方法的一点体会。本人写过一篇文章，原题是"马克思美学思想新探"。这个标题并无不可，只是过于平淡。于是我换了一个标题，即"美，生命的自由表现之花"，而把原题作为副题。这个新标题高度概括了马克思美学思想的核心，也昭示了那篇论文的中心论点，而且还有点艺术意味，所以比较适合于美学文章。

第二章

材料的搜集、研读与使用

第一节 材料的搜集

选定课题之后,接着要做的事情是搜集材料。没有材料,就没有论文;犹如没有土地,就没有树木一样。撰写学术论文,自始至终都离不开材料。胡适在《〈国学季刊〉发刊宣言》中指出:"学问的进步有两个重要方面:一是材料的积聚与剖解,二是材料的组织与贯通。前者须靠精勤之功力,后者全靠综合的理解。"[①] "积聚"就是搜集,"剖解"就是研读与分析,材料的积聚与剖解是做论文的基础,而且,材料贯通于做论文的全过程。

学术论文的灵魂是有创见。创见从哪里来?它不是从脑子里凭空蹦出来的。要想出创见,一要靠材料,二要靠思索,材料和思索是产生创见的不可或缺的两个要素。而

---

① 《胡适学术文化随笔》,中国铁道出版社1996年版,第88页。

材料更是第一位的要素。所以可以说，材料是创见之母，思索是创见之父。

搜集材料要力求做到竭泽而渔，就是要尽量把选题范围内的材料一网打尽，如郭沫若所说，做研究"要搜集一切资料，尽可能使无遗憾"。① 胡适提出治学方法"四字诀"，这四个字是"勤、谨、和、缓"。他把"勤"字摆在首位，"勤"就是要做到"勤求材料，勤求证据，勤求事实"。②

我们来看一个勤求材料的典范吧。

马克思为撰写《资本论》，选择侨居英国，因为英国是资本主义发生、发展的典型。他博览了自古至今的许多著作，包括哲学、历史、法学、文艺、农业等近20类图书，据不完全统计，约1500本以上。他还从资产阶级经济学家的著作、官方文件和各种期刊中做了大量的资料摘录，写满了24个笔记本。后来，在整理第二稿本时又写了23本笔记。为了能看懂各种文字的资料，他努力学习法语、意大利语、西班牙语，晚年还学了俄语。为了写好《资本论》，马克思还研究起了数学，断断续续达20年之久，留下了1000多页的数学手稿。③ 恩格斯对马克思重视

---

① 郭沫若：《我的读书方法》，《郭沫若论创作》，上海文艺出版社1983年版，第130页。

② 胡适：《治学方法》，辽宁人民出版社2000年版，第26页。

③ 程建宁、丁宏远、刘常仁、袁德全编著：《活着的马克思》，中央编译出版社2016年版，第55页。

资料收集的情况深有所知，在给马克思的一封信中说他只要有一本认为是重要的书还没有念，就不会动笔。[①] 马克思自己也谈到过这一点，他在致恩格斯的信中说，他不在伦敦时，伦敦出版了一部通货全史，他在一本杂志上看到了对这本书的介绍，就想把这本书买来，由于书价太贵，他负担不起，希望恩格斯寄点钱来。马克思写道："这书对于我，可能没有什么新的东西，不过单根据'经济学者'所说的情形和我自己所看的摘要，而不认识全书，我的理论上的良心不允许我写下去。"[②] 马克思把搜集资料是否做到了完备而无遗漏的问题，提到了"理论的良心"高度来看待，令人印象深刻。

搜集材料有两条渠道，一是查阅文献，二是实地调查。前者需要"读万卷书"，后者需要"行万里路"；一定要有这两种精神来搜集材料。不过，任何课题的研究，查阅文献是绝对少不了的；至于要不要搞实地调查，则要视课题的实际情况而定。我们在这里只着重讲一讲查阅文献的几种主要的方法。

第一，撒大网法。

查阅文献，要从查找书目开始，要把跟你的研究课题

---

① 《马克思恩格斯通信集》第1卷，生活·读书·新知三联书店1957年版，第213页。

② 《马克思恩格斯通信集》第2卷，生活·读书·新知三联书店1957年版，第377页。

有关的书目全部找出来，这就像撒下一张大网，把有关书目网罗殆尽。大学者们都十分重视这个方法。王鸣盛在《十七史商榷》卷一中说："目录之学，学中第一要紧事，必从此问涂，方能得其门而入。"① 历史学家陈垣认为，做学问要从目录学入手，他在《谈谈我的一些读书经验》一文中说："萧何入关，先收秦图籍，为的是可以了解关梁厄塞、户口钱粮等。我们作学问也应如此，也要知道这门学问的概况。目录学就像一个账本，前人留给我们的历史著作概况，可以了然，古人有什么研究成果，要先摸摸底，到深入研究时才能有门径，我自己需要的材料，也就可以比较容易找到。"② 季羡林与陈垣有相同看法，他在《从学习笔记本看陈寅恪先生的治学范围和途径》一文中写道："研究一门学问，或者研究一个专题，第一步工作就是了解过去研究的情况和已达到的水平。要做到这一步，必须精通这一学问或者这一个专题书目，这一件工作不做或者做不好，自己的研究工作就不能开始。……中国清代的朴学大师以及近代的西方学者，研究学问都从书目开始。"③ 大学者郑振铎把书目和索引比作做学问的引路明灯，甚为确当。他在《索引的引用与编纂》一文中写道：

---

① 转引自余嘉锡《目录学发微》，中国人民大学出版社 2005 年版，第 7 页。
② 《陈垣史学论著选》，上海文艺出版社 1981 年版，第 643 页。
③ 《追忆陈寅恪》，社会科学文献出版社 1999 年版，第 145 页。

"'索引'（一名'引得'，即'index'之译名）为近代专门学者所必须利用的一个工具；这工具减少了学者们不少的记忆的浪费；减少了学者不少的反复检查的时间……'索引'的功用，在今日学术益趋专门化，书籍、刊物一天天增多的时候，益显其重要。现在研究学术的人，已不能象过去学人们之专靠过人的记忆力或博览的功夫了。几部'索引'可以代替了'十年窗下'的功夫。在今日而不知道利用'索引'的人，恐怕是不会走上研究的正规的。'索引'和专门的参考书目乃是学问的两盏引路的明灯。"[1] 所以，学会查找书目，乃是做学问的一项基本功。

如何查找书目呢？我们来做一个简单的演示吧。比如，所选的课题是研究艺术美，那么，就要把与艺术美有关的所有论著的书目全部找出来。查找书目也有两条渠道，一是图书渠道，二是网络渠道。先看图书渠道，首先要查阅各种书目，如《中国国家书目》《全国总书目》《中文核心期刊要目总览》等，从里面找出跟艺术美研究有关的论著的书目。顺便说说，有的研究课题还有专门的书目，如《郁达夫研究资料索引》《鲁迅研究资料索引》。其次，从《哲学研究》《学术月刊》等各种刊物中去查找有关论文书目，各种刊物在当年最后一期都附有全年论文目录，为查找提供了方便。再次，中国人民大学复印报刊

---

[1] 郑振铎：《困学集》，商务印书馆1941年版，第155—156页。

资料中的《美学》和《艺术理论》，应被纳入查找书目的范围。另外，一些相关书籍如《美学原理》《艺术概论》也会有关于艺术美的论述，因此也要纳入查找书目的范围。

再看网络渠道，网络平台是使用撒大网法的绝佳工具。网络平台上有许多数据库。单以专门的社会科学期刊数据库或含有社会科学期刊的数据库来说，就有国家哲学社会科学学术期刊数据库、中国知网（中国期刊全文数据库）、万方数据、人大复印报刊资料全文数据库等。打开每一个数据库，键入你所研究课题的题目或关键词，与此有关的论文的题目几乎就可以一网打尽。举例来说，打开中国知网，键入课题名称"艺术美"，便可获得所有与此有关的论文题目的记录。弹出的菜单会把上述论文题目加以分类，分成艺术美感、艺术美的创造、艺术美与自然美、艺术美论等类别。如果你只对其中的"艺术美论"部分有兴趣，那么你就点击菜单中"艺术美论"这一项，便可检索到若干篇论文的题目。

第二，滚雪球法。

纵使撒下大网，也很难做到没有漏网之鱼。书报杂志太多了，遍查书目，也难免有一些书籍、文章会被遗漏掉，特别是那些含有隐性资料的书籍和文章。何谓"隐性资料"？例如，你所研究的课题是所谓的"科学美"，有的书籍和文章，其题目就标明跟科学美有关，如

《科技美学原理》《科学美的形态特征和范畴界定》等，可以说它们是一些含有显性资料的书籍和文章；而有的书籍和文章主要不是讲科学美的，却含有关于科学美的内容，它们的题目跟科学美了不相关，如彭加勒的《科学的价值》、海森堡的《严密自然科学基础近年来的变化》等，可以说它们是一些含有隐性资料的书籍和文章。显性资料通过查书目便可找到，而隐性资料通过查书目是找不到的。但是，别人的文章引用了后者当中有关科学美的观点和言论，并且注明了它们的出处，这被注明的出处就为你提供了新的书目。依据这新的书目，你去把这新的书籍和文章找来看，它们又有可能为你提供别的新书目。就这样书目不断地依次扩展，就像滚雪球一样越滚越大，越滚越多。

第三，推果及因法。

我们所搜集起来的材料，从它们与所研究课题的关系来看，可以分为两个类别，一类有直接的、明显的关系，另一类只有间接的、隐蔽的关系。后一类材料须通过推果及因法才能找到。我们知道，许多事物之间是有因果关系的，从结果可以推出原因，这就是推果及因法的根据。气象学家竺可桢所写的《中国近五千年来气候变迁的初步研究》为我们树立了一个用推果及因法搜集资料的范例。几千年前的气象资料，不说是一片空白，至多也是凤毛麟角吧。如果仅仅依据直接的、明显的气象资料，而不从与气象仅有间接的、隐蔽的联系的事物中去挖掘、寻觅资料,想写中国五千年来的气候变化,那就根本无从落笔。竺可桢用推果及因法来搜集资料,事情就变得豁然开朗了。植物的分布跟气候有密切的关系,因而从植物分布情况的变化,便可窥见气候的变迁。竺可桢从《史记》《三国志》等史书中去挖掘、寻觅有关气候变迁的资料。《史记·货殖列传》记载:"陈、夏千亩漆,齐、鲁千亩桑麻,渭川千亩竹。"人所共知,漆、桑、竹都是亚热带植物,当时山东、陕西一带就有这些植物。竺可桢据此作出如下推断:在西汉时代,中国北方的气候,要比现在温暖得多。在竺可桢那里,唐诗以及稗官野史也成了气象资料的储存库。他指出,世纪初期,西安南郊的曲江还种着梅花,诗人元稹《和乐天秋题曲江》诗有"梅杏春尚小,菱荷秋亦衰"之句,就写到了梅。还有一个旁证,唐玄宗李隆基的妃子江采苹因其居处种满梅树,故被称为"梅妃"。与此同时,柑橘也种植于长安,杜甫《病橘》诗提到李隆基种橘于蓬莱殿。宋乐史《杨太真外传》说得更加具体,李隆基种于蓬莱殿的橘树于天宝十载九月结果,李隆基宣赐于宰臣一百五十多颗。竺可桢指出,应该注意到,柑橘只能抵抗-8℃的最低温度,梅树只能抵抗-14℃的最低温度。1931—1950年,西安的年最低温度皆在-8℃以下,有三年降到-14℃以下。当代西安已无柑橘,也不适于梅树生长。这说明了唐代温度比当代要高。①

推果及因法的采用，跟思想的深刻与知识的渊博有密切的联系。思想不深刻，就认识不到某些事物之间的因果关系。知识不渊博，眼界就狭小，有用的资料摆在那里，却看不到。知识的渊博，全靠平时积累，常言道"开卷有益"，平时要多多看书，不仅要看跟自己专业有关的书，也要看跟自己专业关系不大甚至毫无关系的书。这样做好处多多。单从为写论文而搜集资料的角度说，跟自己专业无关的书籍里可能就隐藏着非常可贵、有用的资料呢。平日读《史记》、诵唐诗，谁会料得到它们会跟气象学拉上关系呢？

第二节　材料的研读

材料搜集起来之后，就要依次加以研读。研读材料自有它的方法和原则，拣重要点的说，要注意三条。

第一，要做札记。

做札记，看似简单、平常，实际上是一件很要紧的事。做札记有很多好处。首先，札记无异于一个资料储存库，便于撰写论文时随时取用。梁启超竭力推介这个方

---

① 竺可桢：《中国近五千年来气候变迁的初步研究》，《竺可桢全集》第4卷，上海科技教育出版社2004年版，第453—454页。

法。他在《读书分月课程·学要十五则》中写道:"读书莫要于笔记。"①他不厌其烦地向学子们宣传记笔记的必要性和方法。他在《治国学杂话》一文中说:"若问读书方法,我想向诸君上一个条陈。这方法是极陈旧的,极笨极麻烦的,然而是极必要的。什么方法呢?是钞录或笔记。……这种工作,笨是笨极了,苦是苦极了,但真正做学问的人,总离不了这条路。"他还说:"大抵凡一个大学者平日用功,总是有无数小册子或单纸片。读书看见一段资料,觉得有用者,即刻钞下。(短的钞全文,长的摘要,记书名卷数叶数。)资料渐渐积得丰富,再用眼光来整理分析他,便成一篇名著。"②梁启超所说的这些话,确实不单是他个人的体会,而是大学者们共同的经验。胡适在写给他的学生吴晗的信中说:"札记最有用。逐条必须注明卷册页数,引用时可以复检。"③郭沫若谈到他的读书经验时说:"我的一贯的方法是先就原书加以各种注意的标识,再备一个抄本把它分类摘录下来,这样在下笔的时候,便可以左右逢源了。"④蔡元培则从反面说明了记笔记的益

---

① 转引自王心裁《梁启超的治学方法》,台北新视野图书出版有限公司1998年版,第381页。
② 梁启超:《读书指南》,中华书局2015年版,第169页。
③ 胡适:《读书与治学》,生活·读书·新知三联书店1999年版,第299页。
④ 郭沫若:《〈十批判书〉后记》,《郭沫若全集》历史编第2卷,人民出版社1982年版,第472页。

处和必要性。他在《我的读书经验》一文中检讨了自己读书时"不能动笔"即不爱做笔记的缺点。他说，他在读书时注意到一些认为有用或可爱的材料，但往往为连读起见无暇把它们摘抄下来，到要用时想起来，几乎不容易找到了。他很赞赏胡适的读书方法。胡适出门常带一两本书，在舟车上翻阅，见到有用的材料就折角或用铅笔作记号。他猜想，胡适回家一定还有一道摘抄的手续。① 美学家朱光潜对蔡元培所言深有同感，他说："须养成分类记卡片的习惯，使卡片代替脑筋成为记忆的储藏室。我自己没有养成这种习惯，年愈老记忆力愈差，临文现查资料就有捉襟见肘之苦，就日益感到卡片的重要性。"② 俗话说"好记性不如烂笔头"，透彻地说明了记笔记的益处和必要性。

其次，做笔记还能对所读材料加深记忆，促进理解。梁启超在《学要十五则》中说："无笔记则必不经心，不经心则虽读犹不读而已。"③ 他在《治国学杂记》一文中更加深入地谈到了这个看法，他说："发明的最初动机在注意，钞书便是促醒注意及继续保存注意的最好方法。当读一书时，忽然感觉这一段资料可注意，把它钞下，这件

---

① 蔡元培：《我的读书经验》，《新闻出版交流》2003年第2期。
② 朱光潜：《漫谈说理文》，载王力、朱光潜等《怎样写学术论文》，北京大学出版社1981年版，第42页。
③ 转引自王心裁《梁启超的治学方法》，第382页。

资料自然有一微微的印象印入脑中，和滑眼看过不同。经过这一番后，过些时碰着第二个资料和这个有关的，又把它钞下，那注意便加浓一度。经过几次之后，每翻一书，遇有这项资料，便活跳在纸上，不必劳神费力去找了。这是我多年经验得来的实况。"① 谅必做过笔记的人都会有这样的体会：当你抄下一段话时，如果你对这段话不理解，你便会停下笔来凝神思考。经过一番思考，你就理解了。即使经过思考仍不理解，在你脑子里也留下了一个问号，当你碰到第二个、第三个和这有关的资料时，你就会把它们融会贯通起来加以思考，这无疑会促进对资料的理解，研读比较艰深的资料如康德、黑格尔的著作时常有这种情况。

再次，做笔记会爆出思想火花，蹦出新见新意。胡适说："许多好的'专题研究'，皆是札记的结果。"② 说的就是做札记能爆出思想火花，这思想火花可能就是一粒创新性论点的种子，最终生长为一个好的"专题研究"。请允许我谈谈我的一点浅薄的经验，来为胡适的看法作个注脚吧。我写过一篇文章《美是一种价值》。该文的观点源于我摘录《资本论》第4卷手稿中一段话时爆出的思想火花。马克思在对表示价值的几个西文词（value、valeur、

---

① 梁启超：《读书指南》，第170页。
② 胡适：《读书与治学》，第299页。

Wert）作了词源学的考察之后指出："的确，它们最初无非是表示物对于人的使用价值，表示物的对人有用或使人愉快等等的属性。……使用价值表示物和人之间的自然关系，实际上是表示物为人而存在。"① 我在摘录这段话时，有两句话引起了我的注意，它们是：使用价值表示物的"使人愉快的属性"和使用价值"表示物为人而存在"。我在这两句话下面划了两道红杠，脑子里倏然闪过一个念头，美不就是物的使人愉快的一种属性吗？美不也是表示物为人而存在吗？嗣后这个念头就一直萦回在我的脑际。在这个念头的推动之下，我把马克思论述价值的言论集中起来进行了研究，同时对价值论哲学也进行了一些探讨，逐渐形成了这样一个明确的观点：美是一种价值。后来我就把这个观点写成了一篇论文。

札记的方式多种多样，不一而足，最简单的方式是抄录。抄录时，一定要注明资料出处，注明此资料出自哪本书、哪一页，该书作者是谁、由哪个出版社哪一年出版，以便以后查对与使用。在此基础上，如果随时写下你对所抄录资料的评语，以及由此资料所触发和引起的感想和联想，那么，不仅札记方式多样化了，而且，你同书籍作者的关系也起了变化，你由单纯的、消极的倾听者变成了积

---

① 《马克思恩格斯全集》第 26 卷第 3 册，人民出版社 1974 年版，第 326—327 页。

极的、能动的对话者。这样边抄录边思索，收获最大，效果最好。大学者们的札记难得一见，列宁的《哲学笔记》实在是一件札记标本，不妨随手翻翻，必会有所启发。

对于札记，要时常加以整理，使之排列有序，便于使用。朱光潜讲"分类记卡片"，就是一种整理方式。"分类记卡片"，可有两种情形：一是压根就用卡片来抄录，一张卡片抄录一条资料，然后对卡片加以分类；二是先用小本本做札记，再把抄录的一条条的资料，分别移写到一张张的卡片上，然后对卡片加以分类。且看达尔文的分类整理方式，他说："我准备好三四十个大纸夹，把它们放置在书橱中贴有标签的搁板上，因而我就可以立刻把各种个别的参考资料或便条存放进有关的书夹中去。"① 总之，要把抄录的资料整理得井然有序。到做某个专题研究时，只要把全部札记或卡片中跟这个专题有关的所有资料都找出来，聚集在一起，然后再根据专题的需要加以分类，你就会感觉到你的研究获得了极大的方便和帮助。

第二，要准确地理解资料的原意。

正确地理解原意，这是研读材料的基本原则。恩格斯在马克思《资本论》第 3 卷编者序中指出"一个人如想研究科学问题，首先要在利用著作的时候学会按照作者写的原样去阅读这些著作，首先要在阅读时，不把著

---

① 《达尔文回忆录》，毕黎译注，商务印书馆 1982 年版，第 91 页。

作中原来没有的东西塞进去"①。哲学家冯友兰也讲过，读资料一定要探知作者的本意。他还讲到，对作者的本意要允许而且有必要进行合理的发掘，也就是说，所谓"本意"，不仅指作者已写出来的话的本意，还包括作者会说而未说出来的话的意思。怎样才能做到这一点呢？他以如何理解一个哲学家的观点为例说，哲学家所提出的观点、所得出的结论，总是长期理论思维的结果。研究者必须把这个过程讲出来，把结论的前提补出来，而这"讲"和"补"要恰如其分。他写道："就是说，只能把中国古代哲学家要说而没有说的话也当做他要说的话说出来，不能把他并没有要说而在当时实际上不可能说的话也当做他要说的话说出来。既不太多，也不太少，太多了就夸大了古人的意思，太少了就没有把古人的意思讲清楚、讲透彻。"② 要做到冯友兰所说的那样，研究者须具备一个条件，那就是要有深厚的学养，还要有探赜索隐的能力。

　　要理解作者原意，并不是一件简单、容易的事情。陶渊明的读书风格是"好读书，不求甚解"。这种风格适用于广泛浏览，但是完全不适合于研读资料。研读资料却要务求"甚解"。为求甚解，就要舍得下苦工夫，要甘于坐

---

① 《马克思恩格斯全集》第 25 卷，人民出版社 1974 年版，第 26 页。
② 冯友兰：《我研究中国哲学史的一点经验》，《理想人生》，北京大学出版社 2007 年版，第 249 页。

冷板凳，如历史学家范文澜所说的："板凳要坐十年冷，文章不写一句空。"特别是对一些很难读、很难懂、很费解的书，如《周易》《老子》及康德、黑格尔的著作，就得反复阅读、反复琢磨，锲而不舍，直至能窥其堂奥。孔子、王国维为我们树立了勤苦研读原著的榜样。孔子是学问渊博的文化大师，他晚年喜欢研究《周易》，"读《易》，韦编三绝"（《史记·孔子世家》）。孔子那个年代，用竹简或木片当纸，把字写在那上面，然后用皮绳子把它们串起来，就成了一册册的书。读书的时候，要翻动竹简，势必要摩擦皮绳子。孔子读《易》，由于反反复复地翻动竹简，以致把皮绳子弄断了"三"次，这"三"字还可作虚数解，那就是"多"次了。由此可见，孔子读《易》，下了多大的工夫呀。大学者王国维读康德著作的用功，也让人惊叹。据王国维自述，他读康德著作可谓是几起几落。第一次读康德的《纯粹理性批判》，苦其不可解，于是更辍不读，而去读叔本华的书。过些时日再回来读康德的书，觉得窒碍少了些。又过了两年，进行第四次研究，窒碍就更少了。[①] 孔子、王国维刻苦钻研的精神应能给我们一些启发和教育。

有多种因素可以导致对资料原意误解，在此试说一二。文字的障碍是造成误解的一个重要原因，郭麟阁谈过

---

① 《王国维文集》，北京燕山出版社1997年版，第470页。

他所亲历的一件事,就是一个显例。《周礼》中有"春正月,獭祭鱼"这样一句话。汉学家铎尔孟觉得无法解释,辗转求教于郭麟阁,郭麟阁建议读一读摩尔根的《原始社会》,认为这与图腾有关。但是,把水獭祭鱼同人的图腾加以类比,拟于不伦,越发令人糊涂。最后,请教了古文字学家沈兼士,才知道了确解。原来"祭"字在古代有"杀"义,"春正月,獭祭鱼"的意思就是,春天来了,水獭开始捕鱼。[①]

望文生义而不作严密考证,是造成误解的又一个原因。不懂外文或不查外文原著,仅据译文而望文生义,就很容易闹出差错,脱离原意。曹俊峰谈到,宗白华对康德的《判断力的批判》中的一段话作了如下的翻译:"这就是前节所揭示的指向超感性的鉴赏趣味……""超感性"一词的原文是"das Intelligibele",此词是从拉丁语引入的,意思是只能通过理智能力而不能通过感性来认知。理智能力可说是一种超越于感性之上的能力,所以把它译为"超感性"并无不妥。有人仅凭宗白华的译文就认为康德美学中有一个"超感性"的概念,并且大加发挥,说什么它是一种主体能力,具有理性思维的某种性质。但实际

[①] 郭麟阁:《关于写学术论文的几点体会》,载王力、朱光潜等《怎样写学术论文》,第98页。

上，康德哲学中根本没有一种所谓"超感性"的主体能力。①

研读资料，理解其原意是必需的，但是，事情到此只做了一半，在这之后，还有更加重要的事情要做，那就是对其原意加以分析、批评。宋代陈善在《扪虱新话》中说得好："读书须知出入法。始当求所以入，终当求所以出。见得亲切，此是入书法；用得透脱，此是出书法。盖不能入得书，则不知古人用心处；不能出得书，则又死在言下。惟知出知入，乃得尽读书之法也。"这出入法讲得非常精辟，研读资料须谨遵出入法。梁启超说过同样意思的话，他说："盖吾辈不治一学则已，既治一学，则第一步须先将此学之真相，了解明确；第二步乃批评其是非得失。"②

第三，要下一番别裁功夫。

别裁的意思是：分别、裁定，决定取舍。我们按照竭泽而渔的要求所搜集起来的材料，其情况是非常庞杂的，真可谓泥沙俱下，鱼龙混杂。因此，并不是所有材料都是真实可信的，诚如孟子所说："尽信书，不如无书。"(《孟子·尽心下》)为此，我们必须对材料进行别裁，以区别真伪，权衡轻重，这样到使用的时候，才能有把握地做到

---

① 曹俊峰：《元美学导论》，上海人民出版社2001年版，第426—428页。

② 梁启超：《清代学术概论》，东方出版社1996年版，第41页。

正确的取舍。

对材料进行别裁，有以下几个方面值得关注。

首先，要辨别真伪。郭沫若在《古代研究的自我批判》一文中指出："无论作何研究，材料的鉴别是最必要的基础阶段。材料不够固然大成问题，而材料的真伪或时代性如未规定清楚，那比缺乏材料还要更加危险。因为材料缺乏，顶多得不出结论而已，而材料不正确，便会得出错误的结论，这样的结论比没有更加有害。"① 辨别真伪的办法，就是对材料进行严谨的考证。不真的、虚假的材料，我们是经常会碰到的。在辨别了真伪之后，对于即使明确为真的材料，如访问记之类，对其中的内容，也还要持谨慎的态度，因为受访人的记忆可能失真、失准，甚至有的受访人可能有意说谎，这种情况不能排除。陈胤的采访经验对我们就是一个提醒。她致力于搜集和研究燕京大学的相关史料。她采访了多位燕京大学老人，记录了他们的回忆。她对这些回忆所取的态度对我们应有启发，她说："应该指出的是，从传统的'史料真实性'的角度讲，与第一手的档案记录相比，上述材料出自后设的主观记忆，且讲述者对于口述中涉及的人物、事件（尤其对于已经过世、不再能发言的人物）具有绝对的话语优势，上述采访的原始记录往往不是合格的史料。将上述记录上升为

---

① 《郭沫若全集》历史编第 2 卷，第 3—4 页。

可以凭信的史料，需要结合已有的书面材料和其他口述材料，经过严格的纠错、考补、旁证等程序。由于被采访人年事已高，许多记忆经常前后交错而难以还原到具体的时间点。一位先后就读燕大和西南联大的老人，把许多联大记忆嫁接到燕大名下。"①

其次，要分清轻重。材料有两类，第一手的和非第一手的。第一手的材料是最有价值的，因为它是原始的。对非第一手材料就要当心，因为原始材料在被人引用而变为第二手、第三手材料的过程中，有被断章取义和遭到误解乃至曲解的可能。有鉴于此，英国美学家鲍桑葵（Bernard Bosanquet，1848—1923）提出了治学的一条金科玉律，他写道："绝对不引证自己没有从头到尾读过的一本书。"②我以为这确实是学人应该遵守的一条铁则。我们只应把第二手材料当作索引看，依据它尽量去找到第一手材料。第二手材料是隐藏着风险的，我们切不可无条件地、完全地相信它。让我举几个例子来说。第一，对所引材料断章取义的例子。《冯雪峰，一首诗牵扯了后半生》一文，在谈到冯雪峰的性格时引用了唐弢所写的《追怀雪峰》一文中如下的话："曾经和他（指冯雪峰）发生过几次争论……令人望而生畏。"这一段引文给人的印象是，冯雪峰的性

---

① 陆胤：《口述中的燕京传统》，《北京青年报》2015年9月8日。
② 鲍桑葵：《美学史》，商务印书馆1987年版，第3页。

格很可怕。但是，实际上紧接着上述引文，唐弢把话锋一转，谈到冯雪峰性格的可爱，他写道："不过，他的诚实仍然使你相信：这个人决不会弄虚作假，暗箭伤人；甚而至于只要相见以诚，满天乌云，随风消逝，反过来还会设身处地接受别人的意见。……我们的争论涉及对于鲁迅作品的理解。……回想起来，大都是由于我的措辞不当，或者态度不够谦虚的缘故。"[①] 该文只引用了唐弢文章的前半部分，而割弃了它的后半部分，明显是断章取义。第二，曲解引文意义的例子。倡导所谓科学美的某位美学家认为，艺术创作是美的创造，科学创造同样是一种美的创造。他强调美的考虑在科学研究中的重要性，认为这种考虑有时甚至高于对真的追求，他援引据说是美国科学史家库恩（Thomas Samuel Kuhn，1922—1996）所说的一句话来支持自己的观点。下面就是被援引的库恩的话："在新理论的建立中，'美的考虑的重要性有时可以是决定性的'。"作者在援引此话时未注明出处，因而无法核对原文。不过，我们找到了库恩所写的一篇文章，题目叫做"论科学和艺术的关系"，里面就谈到了美学考虑在科学理论建立中所起的作用。库恩认为，科学和艺术都追求美，都有美的考虑，这是它们的共同点。但是，必须看到，在

[①] 方馨未：《冯雪峰后半生岂是被一首诗所牵扯》，《北京晚报》2017年6月30日第41版。

科学和艺术中美学考虑的地位和作用大不相同。他指出："科学家像艺术家一样，遵循着美学考虑……然而，过分强调这种类似却掩盖了它们的重要区别。不管'美学'一词涵义如何，艺术家的目的就是要创造美学对象，他必须解决技术难题，但只是为了创造美学对象。另一方面，对科学家来说，解决技术难题是他的目的，而美学却是达到这个目的的工具。无论在成果方面还是在工作过程中，艺术家认为是目的的东西，在科学家看来却是手段，反之亦然。"他还明确地说："在科学中，美学很少是目的本身，而且从来不是首要的。"[①] 如果说那位美学家所引的库恩的话出自此文的话，那就同原意相去太远了。是否引文另有出处，而且引用准确，不得而知。如果是这种情况，那么问题就来了，库恩的观点竟然会自相矛盾到如此剧烈冲突的地步，也实在令人难以想象。由此看来，对待二手材料，能不慎之又慎吗？

再次，要区别前后。所谓前后，指的是某人对某个问题先后有两种看法，即前期的和后期的。如果两种看法互相抵牾，就要分清哪个是人家坚持的，哪个是人家放弃的。不然，对人家的看法任意使用，是会违背人家本意的。罗素关于科学美的观点就有前期和后期之分。他在

---

① ［美］托马斯·S. 库恩：《必要的张力》，福建人民出版社 1987 年版，第 337—338 页。

1907年写过一篇题为"数学的研究"的文章，其中有这样的话："数学，如果正确地看，不但拥有真理，而且也具有至高的美，正像雕刻的美，是一种冷而严肃的美，这种美不是投合我们天性的微弱的方面，这种美没有绘画和音乐的那些华丽的装饰，它可以纯净到崇高的地步，能够达到严格的只有最伟大的艺术才能显示的那种完美的境地。"① 这句话为主张科学美的美学家们所乐于引用。然而，52年之后，即在1959年，罗素在《我的哲学的发展》一书中引述了包含上述那句话在内的一大段文字之后，写道："所有这些，虽然我仍然记得我相信时的快乐，现在看来却大部分是荒谬的，这一部分是由于技术上的原因，一部分是因为我的世界观已经有了改变。"② 他还说："一段精致的数学推论所生的美感依然是有的。但是这里也有令人失望的地方。在前边一章里提到了一些矛盾的解决。这些矛盾好像是只有采取真但是并不美的学说才能得到解决。"③ 前面所引的关于数学的美的话，是否属于"荒谬"的那个"大部分"里面呢？数学中的矛盾是否属于只有采取"真但是并不美"的学说才能解决的一类呢？虽然不很明确，但是至少应该存疑吧。如果参看罗素的另一篇文章，那么疑问便可冰释了。他在1954年写过一篇题为

---

① ［英］罗素：《我的哲学的发展》，商务印书馆1982年版，第193页。
② ［英］罗素：《我的哲学的发展》，第194页。
③ ［英］罗素：《我的哲学的发展》，第195页。

"历史作为一种艺术"的文章，也谈到了数学与美的问题。他写道："乘法表虽然有用，却很难叫做美。"[①] 这句话的意思是十分显豁的，它是对罗素前期看法——即认为数学是至高的美——的明白无误的否定。你拿罗素前期的看法作为证据来证明罗素主张和赞成数学美，亦即科学美，罗素后期的看法却站出来驳倒了你，这不是自讨没趣吗？

第三节　材料的使用

搜集材料，多多益善；使用材料，百里挑一。搜集材料，求全；使用材料，求精。汉代的扬雄在《法言·吾子》中说过："多闻则守之以约，多见则守之以卓。寡闻则无约也，寡见则无卓也。"这个话适用于搜集材料与使用材料的关系。关于这两者之间的关系，著名作家茅盾也有一番生动而精彩的论述。他写过一篇专谈如何收集与选用材料的文章。他认为，收集材料不外乎两个方法：尽量采集凡与题目有关的材料，又十二分严格——几乎吹毛求疵般选用这些材料。他打了一个贴切而有趣的比方说："采集之时，贪多务得，要跟奸商一般，只消风闻得何处有门路，有'货'，便千方百计钻挖，弄到手方肯死

[①]　［英］罗素：《历史作为一种艺术》，载《现代西方历史哲学译文集》，上海译文出版社1984年版，第130页。

心……选用的时候，可就要像关卡的税吏似的百般挑剔了，整整一卡车的'货'，都全要翻过身来，硬的要敲一敲，软的要扪一把，薄而成片的，还得对着阳光照了又照——一句话，用尽心力，总想找个把柄，便扣下来，不让过关。"[①] 茅盾讲的是作家收集与选用材料的方法与态度，这些话对学者也完全适用。

使用材料应依循以下几个要求。

第一，真实。搜集材料时要辨别真伪，使用材料时务必用真实的材料，切莫让虚假材料蒙混过关。使用真实的材料，这是第一位的要求。因为只有真实的材料才有可信性，才有说服力，才能永远立于不败之地。使用虚假材料往往源于两个原因，一是由于失察，二是有意为之。失察是不知材料为假而误用，这是学风不够严谨的问题。有意为之，则可以肯定是出于某种不可告人的目的。虚假材料终究要被戳穿，到那时，以虚假材料为论据的观点就轰然崩塌了。有一条关于日本人重视教育的材料，曾经广泛流传，后来有人指出，这条材料不实。事情经过是这样的：1989年2月10日《人民日报》海外版登载了一篇题为"从在日本修鞋想到的"的文章，文中讲到，日本某大学一位副校长向作者夸耀日本政府如何重视教育以及日本

---

① 茅盾：《有意为之》，《茅盾全集》第22卷，黄山书社2012年版，第364—365页。

教育所取得的成就："你知道日中甲午海战中国战败之后赔偿给日本的一亿两白银，日本是怎么使用的吗？""日本明治天皇说过，这笔钱一分钱也不许瞎花掉，全部用来办教育，办小学，就是在最偏僻的农村也要办一所像样的小学。""就这样，日本用这笔钱奠定了教育的基础。"这位副校长用来证明日本政府重视教育的证据是虚假的。石油大学教授余世诚在《重提一则史料》一文中指出，这些说法与事实不符。首先，赔款不是一亿两白银，而是两亿三千多万两，折合当时的日元为三亿四千多万元。其次，这笔巨款，75%用作军费，从剩余部分拨出两千万元（日元）作为皇室财产，仅以一千万元（日元）充作教育经费。[①] 那位副校长捏造虚假材料，意在掩盖日本帝国主义对中国掠夺的凶残性及其大力扩军备战的军国主义本性，同时夸大日本对教育的重视。但是，用谎言来篡改和掩盖事实，毕竟是徒劳的。

在讲使用材料务求真实这个要求时，有一种情况须稍加留意，即传说并不是事实，因此，传说不能当做事实材料使用。有一位作者就犯了这个忌。这位作者否定如下这样一种观点，即语言是人类发明出来的一种进行交流的工具，而认为语言产生于原始巫术活动，是一种魔法符号，拥有魔法和神秘的力量。他所举出的、用以证明其论点的

---

① 参见《石油大学学报》（社会科学版）1990年第1期。

论据是一个传说。他写道：大家都知道，传说中国造字的人是仓颉，史书上说，仓颉造字后，"鬼神为之号泣"，说的就是文字的魔法。且不说作者所持的语言产生于原始巫术活动因而具有魔力的观点，并非如他所说是一个"事实"，顶多是一个未经证实的假说。只是把传说当论据用，就很成问题。仓颉造字，鬼神为之号泣，仅仅是一个传说，并非事实，因而是不能作为事实材料来证明文字具有魔法的。因为，传说中的人物并不是历史上真实存在的人物，另外，仓颉造字，鬼神号泣，更是一种幻想而绝非事实。怎能把幻想当成事实来证明文字具有魔法呢？

第二，切题。所选择、使用的材料要切合论点，它应是为证明论点所必需的，而不该是同论点不相符合或游离于论点的。胡适指出，作为论据的材料必须具备两个条件：真实性和相干性。[①] 所谓相干性就是要切题。《中国大百科全书》军事卷有"毛泽东"条目。该条目由军事科学院起草，胡乔木审定。原稿中有一些与军事无关的内容，如毛泽东早年的一些经历及《论十大关系》等文章。胡乔木把与军事无关的材料删掉，增加了与军事有关的材料，如《论持久战》《中国革命战争的战略问题》。[②] 这样一

[①] 胡适：《考据的责任与方法》，《胡适学术文化随笔》，中国青年出版社1996年版，第124页。

[②] 参见戴知贤《大学生研究生论文写作十五讲》，中国广播电视出版社1991年版，第84页。

来，这个条目就变得内容充实且干净利落了。

在讲到材料与论点的相干性时，有一种似是而非的情况需要仔细地加以审查。据《中国青年报》2000年3月19日报道，我国驻日本大使陈健接受朝日电视台主持人采访。该主持人附和国外某些人散布的所谓"中国威胁论"，以挑衅的口吻对陈大使说："中国是个威胁，是个可怕的国家。"他所举出的证据是中、日、美三国军费增长率的情况。从1996—2000年中、日、美三国军费增长率的对比看，美、日都在减少，中国却有所增加。表面看来，这个事实似乎能够说明问题。但是，这个证据是似是而非的。陈健胸有成竹，微笑着反驳说：上举军费增长率的对比只反映了事情的一个侧面，还有更为本质的情况是，从军费的绝对数来看，中国只有日本的一半，而中国所要保卫的领土却是日本的26倍。话说到此，所谓"中国威胁论"就不攻自破了。所以，材料与论点的相干性有两种状况，即表面的和本质的，对这两种状况要精心审察，慎作取舍。

第三，典型。典型，就是具有突出的代表性。典型事例，就是最能说明事物的本质和特点的事例。典型事例不仅能以最大的力量证明论点，而且能给人以鲜明的印象，令人难以忘怀。马克思在《资本论》中揭露欧洲资本主义进行原始积累的残暴性、野蛮性、血腥性，就列举了十分典型的材料。例如，新英格兰的清教徒在1703年的立法会议上决定，每剥一张印第安人的头皮和每俘获一个红种人都赏给奖金40镑，1720年赏金提高到100英镑。[①] 正是这样的事例让人深刻地认识到，资本来到世间真是每个毛孔都充满血污的。再举一个善用典型材料的例子。东京《时报》1999年3月23日发表了《从"间谍案"看美国种族政治歧视》一文。该文针对李文和间谍案指出，美国对华人有种族和政治歧视，该文举出的证据是，华裔花样滑冰选手关颖珊在奥运会上得奖后的匪夷所思的遭遇。事情的原委是这样的：关颖珊在1998年奥运会上代表美国参加比赛，输给队友，屈居亚军。美国三大电视台之一的全国广播公司与NBC微软公司合办的MSNBC网络新闻站报道此事的标题竟是："美国人击败关夺冠！"尽管关颖珊是土生土长的美国人，而且代表美国参加奥运，但是，因为有华裔血统，仍被美国媒体视为异类，视为非美国人。这个事例太能说明问题了。这个事例使得该文的观点具有了颠扑不破的力量。

第四，孤证问题。孤证，就是仅此一例、别无同类的材料。论文中使用的材料之所以能够"一以当十"，是因为在这"一"的背后，有几十甚至上百条同类的材料存在，支撑着这个"一"。如哲学家张世英所说："在写出的论文背后，还应该有未写出的东西做'后盾'，后盾越强，

[①] 《马克思恩格斯全集》第23卷，人民出版社1972年版，第821页。

文章也就越扎实,越有分量。"① 孤证就是没有后盾的材料。论文中用孤证是一个忌讳。对孤证应该采取什么态度呢?梁启超指出:"孤证不为定说,其无反证者姑存之,待有续证则渐信之,遇有力之反证则弃之。"② 让我举出一个以此种态度对待孤证的例子。爱因斯坦为什么比一般人聪明?这是人们普遍关心的问题。加拿大科学家对爱因斯坦的大脑进行了解剖研究,发现他的大脑的"回间沟"比常人短,他的大脑的顶叶则比常人宽了15%。到目前为止,这种脑部形状并未在其他人脑中发现。这两个异常之处有可能解开天才大脑之谜。但是,进行这项研究的科学家十分谨慎,该项研究的领导人桑德拉·威特森说:"这一发现非常有趣,但还不能说已形成定论。我们以前往往强调环境对一个人脑部发育有重要作用,这一结果告诉我们环境并不是唯一因素。"哈佛大学的弗朗西斯·比尼斯博士对这项研究发表评论说:"我想在解释这一调查结果时应谨慎,应该对一群天才进行比较后,再下结论,但这一发现还是意义重大。"③ 这些科学家的做法是完全正确的,他们重视这个孤证,但是避免从这个孤证去得出结论。

---

① 张世英:《谈谈哲学史的研究和论文写作》,载王力、朱光潜等《怎样写学术论文》,第65页。
② 梁启超:《清代学术概论》,第44页。
③ 张嘉编译:《爱因斯坦大脑解密》,《北京青年报》1999年6月20日。

第三章

从材料中提炼论点

搜集、研读材料本身不是目的，搜集研读材料的目的是从材料中提炼出论点，提炼出创新的见解。从材料中提炼出论点是论文写作的关键的环节。德国哲学家恩斯特·卡西尔认为："事实的财富并不必然就是思想的财富。"① 把事实的财富转化为思想的财富的契机，就在于从事实中提炼出观点。而从事实中提炼出什么样的观点，由此可以见出一个人有没有创新精神以及有何等的思想深度。

第一节 研究者的三种类型

对待材料有三种不同的态度，从而形成三种不同类型的学者。英国哲学家培根对三种不同类型学者的特点作了非常形象的描述，他写道："历来研究科学的人要么是经

---

① ［德］卡西尔：《人论》，上海译文出版社1985年版，第30页。

验主义者,要么是独断主义者。经验主义者好像蚂蚁,他们只是收集起来使用。理性主义者好像蜘蛛,他们从他们自己把网子造出来。但是蜜蜂则采取一种中间的道路。他从花园和田野里面的花采集材料,但是用他自己的一种力量来改变和消化这种材料。真正的哲学工作也正像这样。因为它既不只是或不主要是靠心智的力量,但它也不是从自然历史和机械实验中把材料收集起来,并且照原来的样子把它整个保存在记忆中。它是把这种材料加以改变和消化而保存在理智中的。因此从这两种能力之间,即实验的和理性的能力之间的更密切和更纯粹的结合(这是从来还没有作过的),我们是可以希望得到很多的东西的。"[1] 培根认为,搞科学研究必须把实验的和理智的这两种能力结合起来,才能有所成就。蜜蜂型学者做到了这一点,蚂蚁型和蜘蛛型则各有所偏,有所不足。

上述几种类型的人,在现实生活中时常可以碰到。明朝人陆楫在《蒹葭堂杂钞》中为我们提供了关于此类人的素描。他写道:"成化、弘治间,刘文靖公与丘文庄公浚同朝,雅相敬爱。刘,北人,在内阁独禀大纲,不事博洽。丘,南人,博极群书,为一时学士所宗。一日,刘对客论丘曰:'渠所学似一仓钱币,纵横充满,而不得贯以

---

[1] [英]培根:《新工具》,载北京大学哲学系外国哲学史教研室编译《西方哲学原著选读》上卷,商务印书馆1987年版,第358—359页。

一绳。'丘公闻之，语人曰：'我固然矣，刘公则有绳一条，而无钱可贯，独奈何哉。'士林传为雅谑。"

蚂蚁型的研究者，善于并且勤于搜集材料。他们博览群书，见闻广博，牛溲马勃，俱收并蓄，材料山积，令人惊叹。但是，他们把如许材料原封不动地保存在脑子里，而不能从材料里提炼出有新意的观点。这样的研究者顶多算是一个活的资料库，或曰"两脚图书馆"，他们还没有进入论文写作的实质性阶段。蚂蚁型的研究者长于搜集，却懒于思考，或者是缺乏思维能力的训练。

蜘蛛型的研究者往往在开始搜集材料时，脑子里就已经有了先入之见。这先入之见从何而来？或者是通过接受教育而形成，或者是通过读书而得到，总之是被外力灌输进去的现成的观点。惯于依顺权威观点和主流意识而缺乏独立思考能力者，易于成为蜘蛛型研究者。

我们既要避免蚂蚁型的经验主义，又要避免蜘蛛型的独断主义。医治经验主义的良方是，砥砺思维的能力，养成思考的习惯；摆脱独断主义的诀要是尊重事实，摒弃先见，多多进行独立思考。孔子有两句关于学与思的关系的名言，对纠正经验主义和独断主义会有所助益。孔子说："学而不思则罔，思而不学则殆。"（《论语·为政》）如果把这里面的"学"字改为"搜集材料"，那么孔子的话便成了进行学术研究的正确的指导思想。这就是说，光搜集材料而不加以思考，就会陷于迷惘而无所得；光思考而不以材料为依据，就会因一无所获而堕入懈怠。所以，必须把搜集材料和对材料的思考密切地结合起来。蜜蜂型的研究者才是走上了正轨的研究者。这类研究者既十分重视材料的搜集，又非常注意运用自己的心智的力量对材料加以思考，从而把搜集与思考这两者有机地结合了起来。

第二节　从材料中提炼论点所应遵循的原则

从材料中提炼论点所应遵循的原则是什么呢？借用一个成语来说，就是"实事求是"。"实事"，指的是搜集起来的大量真实可靠的材料；"是"，指的是从材料中提炼出来的论点；"求"，指的是研究，是从材料中提炼论点的能力和活动。简而言之，材料是研究的出发点和基础，论点是对材料进行深入分析与研究的结果，论点出自材料。这就是从材料中提炼论点所应遵循的基本原则。恩格斯对此有极为深刻的论述，他写道："不论在自然科学或历史科学的领域中，都必须从既有的事实出发，因而在自然科学中必须从物质的各种实在形式和运动形式出发；因此在理论自然科学中也不能虚构一些联系放到事实中去，而是要从事实中发现这些联系，并且发现了之后，尽可能地用经验去证明。"① 他又说："原则不是研究的出发点，而是它的终了的结果；这些原则不是被应用于自然界和人类历史，而是从自然界和人类历史中抽象出来的；并不是自然界和人类历史要适合于原则，而是相反地，原则只有适合于自然界和人类历史才是正确的。"② 从这两段话可以归纳出如下几个要点：（1）研究必须从既有的事实、既有的材料出发。（2）研究的任务是去发现事实、材料中固有的联系，而不是把虚构的联系放到事实、材料中去，换个说法，就是要从材料中提炼出论点，而不是把先有的论点放置到材料中去。（3）从材料中提炼出论点之后，还要继续用经验去验证论点。（4）所以，论点不是研究的出发点，而是研究的终了的结果。（5）论点是从材料中抽象出来的，所以，并不是事实、材料去适合论点，而是相反，只有论点适合事实、材料时才是正确的。

然而，有些研究者的做法跟实事求是的原则完全背道而驰。在他们那里，是先有观点，然后去找那些适合于其观点的材料，来证明这个观点。培根曾对这种做法提出过批评，他用形象化的语言写道："他预先已经得到了他的结论。他并没有照着他所应当作的去和经验商量，以便形成他的决定和公理，而是在根据他的意志先把问题解决

---

① ［德］恩格斯：《反杜林论》，《马克思恩格斯选集》第3卷，人民出版社1972年版，第469—470页。

② ［德］恩格斯：《反杜林论》，《马克思恩格斯选集》第3卷，第74页。

了，以后再去诉诸经验，使经验屈从于他的意见，把经验带着到处走；就像一个游行示众的俘虏一样。"① 这已成为学术研究的一种模式——观点先行的模式。这种做法不禁使人想起了普洛克路斯忒斯（procrustes）之床。普洛克路斯忒斯是古希腊传说中的强盗，他有一张尺寸固定的铁床。他强迫被他捉来的人躺在床上，身材比床短的就拉长，身材比床长的就截短，务必使任何人的身材长度都与床相等。普洛克路斯忒斯之床岂不就是观点先行模式的形象化？

下面让我们举出一篇按照观点先行模式炮制出来的文章，来看看这样的研究和文章同实事求是的原则是多么的不能相容。

某报曾发表一篇关于荒诞的案中案的文章，该文披露并评论了发生在加拿大的一桩司法事件。作者在文章开头就把他对此案的评论端了出来，摆到读者面前。他的评论如下：英联邦国家乃至西方其他国家，曾经标榜陪审团制度是最民主、最公正的司法制度之一，然而，盖斯一案却向这一制度打了一记无形的耳光。然后，文章叙述了案中案的案情。1994年温哥华发生了一起恶性枪战事件。经过数月侦查，吉尔等六名案犯终被抓获归

---

① ［英］培根：《新工具》，载北京大学哲学系外国哲学史教研室编译《西方哲学原著选读》上卷，第355页。

案。温哥华地方法院开庭审理这起案件。法院依法以随机抽签方式选出六男六女共 12 名陪审员组成大陪审团。其中一名成员名叫盖斯，是一位已有两个孩子的单身母亲。盖斯常常以各种方式干扰审判，并且为案犯说好话，开脱罪责，致使审判进行得很不顺利。由于案犯抵赖、诡辩，加上盖斯极力反对对他们定罪，六名案犯最终被无罪开释。此事引起舆论大哗，民众纷纷谴责司法无能。此后，法院接到举报，指控盖斯与案犯吉尔通奸，泄露机密，致使该案泡汤。于是，不列颠哥伦比亚省最高法院开庭审理这起案中案。盖斯面对法庭出示的多种证据，承认了所犯罪行。省最高法院和大陪审团经过审理之后，一致作出裁决：盖斯所犯妨碍司法公正罪的罪名成立，最高可被判处 10 年有期徒刑。实事求是地说，在上述司法事件中，陪审员犯了罪，也逃脱不了法律的制裁，这不正说明司法是公正的吗？案中案的案情是荒诞的，但是对此案的审理是公正的。由此可见，作者对此案的评论是完全背离事实的，评论同事实是完全不搭界的。为什么会出现这种情况呢？只能认为，作者的评论不是从案中案的实际情况出发，不是以此实际情况为依据而得出的，它是早就存在于作者脑子里的一种固有观念，那就是文章开头所表达的观念，即认为：凡是西方的司法制度都是假民主、假公正。我们不否认西方司法制度确有其假民主、假公正的性质，但是，倘若一谈到西方司法事件，就无视实际情况，不作具体分析，一味把那个固有观念当作标签往上一贴，那就很不妥当了。这样一来，学术研究和学术评论就蜕化为一种无视事实、放弃思考、专贴标签的简单活动了。

第三节　从材料中提炼论点所应具备的能力

"实事求是"原则中的"求"字很要紧，值得注意。"求"就是从材料中提炼论点的能力和功夫。这种能力是一种思维力，一种抽象力。没有这种能力，就谈不上进行学术研究。马克思指出，"分析经济形式，既不能用显微镜，也不能用化学试剂。二者都必须用抽象力来代替"[①]。这话适用于一切社会科学和自然科学的研究。什么是抽象力？先得说说什么是抽象。为了确定一个事物的本质，就要从该事物的许多现象中，舍弃其个别的、非本质的属性，抽取出共同的、本质的属性，这就是抽象。抽象是一种思维能力，从材料中提炼论点就需要这种思维能力。搞理论就离不开这种思维能力，所以这种思维能力也叫做理论思维。恩格斯指出，"没有理论思维，就会连两件自然的事实也联系不起来，或者连二者之间存在的联系都无法

[①] 《马克思恩格斯选集》第 2 卷，人民出版社 1972 年版，第 206 页。

了解"①。他还认为,"一个民族想要站在科学的最高峰,就一刻也不能没有理论思维"②。理论思维能力主要表现为分析和综合的能力、推理和概括的能力。没有这种思维能力,绝对写不出有创造性的论文。达尔文在谈到他的力作《物种起源》时,就驳斥了说他没有推理能力的言论。他写道:"任何一个人,如果没有推理能力,决不会写出这部著作来。"③

爱因斯坦高度重视思维能力对科学创造的意义。作为一位伟大的科学家,爱因斯坦坚定不移地肯定理论来源于经验的事实,他说:"理论所以能够成立,其根据就在于它同大量的单个观察关联着,而理论的'真理性'也正在这里。"④ 因此他断言:"从来没有一个有用的和深入的理论果真是由纯粹的思辨去发现的。"⑤ 但是,与此同时他又十分强调思维能力对创立科学理论的作用,他写道:"我觉得,只有大胆的思辨而不是经验的堆积,才能使我们进步。"⑥ 他认为,一切正确的概念和理论并不等于那些感觉经验的总和,而是"人类头脑的自由创造"。⑦ 他写道:

---

① 《马克思恩格斯选集》第3卷,人民出版社1972年版,第482页。
② 《马克思恩格斯选集》第3卷,第467页。
③ 《达尔文回忆录》,商务印书馆1982年版,第94页。
④ 《爱因斯坦文集》第1卷,商务印书馆1976年版,第15页。
⑤ 《爱因斯坦文集》第1卷,第107页。
⑥ 《爱因斯坦文集》第3卷,商务印书馆1979年版,第496页。
⑦ 《爱因斯坦文集》第1卷,第342页。

"观念的世界是不能用逻辑的工具从经验推导出来的,而在某种意义上来说,它是人类头脑的创造,要是没有这种创造,就不可能有科学,但尽管如此,这个观念世界还是一点也离不开我们的经验本性而独立。"① 这就是说,经验升华为理论,是人类头脑创造的结果。爱因斯坦充分地肯定了理论思维对于科学创造的重要性。

就像每个人都有天赋的运动能力一样,每个人也都有天赋的思维能力。一个人的运动能力需要经过系统的训练才能达到运动员的水准,同样,一个人的思维能力也需要经过必要的训练才能达到学者的水准。人的思维能力用什么样的方法去训练好呢?恩格斯提出一个忠告,"理论思维仅仅是一种天赋的能力。这种能力必须加以发展和锻炼,而为了进行这种锻炼,除了学习以往的哲学,直到现在还没有别的手段"②。冯友兰与恩格斯的意见相同,他在《中国哲学史新编》的"全书绪论"中写道:"哲学的内容是人类精神的反思。它的方法是理论思维。它的作用是锻炼、发展人的理论思维,丰富发展人的精神境界。"③

研究者不仅需要砥砺自己的思维能力使之更加强大,还要琢磨自己的思维能力使之更有创造性。只有创造性的

---

① 《爱因斯坦文集》第 1 卷,第 157 页。
② 《马克思恩格斯选集》第 3 卷,第 465 页。
③ 《冯友兰学术论著自选集》,北京师范大学出版社 1992 年版,第 523 页。

思维才能突破陈说，提出创见，所以只有创造性的思维才是促使科学和学术进步的真正动力。台湾的《奇文共赏》杂志刊载过一则故事，讲了一个关于创造性思维的有趣的事例。故事是这样的：有一家大公司决定招聘业务主管，于是打出广告，迎来了众多应聘者。招聘主试出了一道刁钻古怪的试题：想办法把木梳卖给和尚。绝大多数应聘者感到困惑，甚至愤怒，纷纷拂袖而去，最后只留下三人。主试对这三人交代，你们都按要求去卖木梳，以十日为限，届时来汇报销售成绩。十天过后，主试问甲："卖出多少把？""一把。""怎么卖的？"甲讲述了经过：他苦苦地游说和尚们买把木梳，结果不但毫无效果，还惨遭诟骂。幸好在下山途中遇到一个小和尚边走边挠头皮，他灵机一动，赶忙递上一把木梳，小和尚用后满心欢喜，于是买了一把。主试问乙："卖了多少把？""十把。""怎么卖的？"乙说，他去了一座名山古寺，由于山高风大，进香者头发都被吹乱了。他向寺院住持进言，礼佛时蓬头垢面是对佛的不敬，应在每个香案前放一把木梳，供善男信女梳理鬓发。住持认为言之有理，于是买下了十把木梳。主试问丙："卖了多少把？""一千把。"主试惊问："怎么卖的？"丙说，他到了一个名扬四海、香火旺盛的深山宝刹，那里朝圣者络绎不绝。他对住持说："凡是进香者，都有一颗虔诚的心，宝刹应有所回赠，保佑其平安吉祥，鼓励其多做善事。我有一批木梳，你的书法超群，可刻上'积善梳'三字做赠品。"住持大喜，立即买下了一千把木梳，得到"积善梳"的施主们也很高兴。应聘者丙并没有改变木梳的性质和功能，却为它添加了一种用途，就在销售上取得了意想不到的成绩。让我们再回到这个试题上来，这个试题考的就是思维的创造性。从线性思维的角度看，这个试题简直是悖理的；但是，从发散思维的立场看，这个试题却是富于创意的。你看，创造性思维能使看似不可能的事情变得可能，能在看似无路可走的地方踩出一条路来。科学研究贵在创新，所以非常需要创造性思维。

第四节　从材料中提炼论点的方法

如何实事求是地从材料提炼出论点呢？换个说法，用什么方法从材料提炼出论点呢？胡适告诉我们一个方法，他把这个方法凝练为十个字的口诀，即"大胆的假说，小心的求证"。[①]

何谓假说？根据《现代汉语词典》的解释，假说是科学研究上对客观事物的假定的说明。假说要根据事实提出，经过实验证明是正确的，才可称为真理。

在科学研究上，把假说作为探求真理的方法，得到了

---

① 胡适：《治学方法》，辽宁人民出版社2000年版，第2页。

科学家和学者们的普遍认同。法国数学家彭加勒在《科学与假设》一文中指出："不仅假设是必要的，而且它通常也是合法的。""数学家没有它便不能工作，更不用说实验家了。"[①] 恩格斯把假设看作一种科学发展的形式，他写道："只要自然科学运用思维，它的发展形式就是假说。"[②] 梁启超认为，假设是求真理的必经之途，他说："科学之目的，在求定理，然定理必经过假设之阶级而后成。"[③] 历史学家罗尔纲坚信："假设是一种科学方法。"[④]

任何一种理论的创立，都要经过建立假设、验证假设直至证实假设的过程。列宁指出，马克思的唯物史观在开始提出的时候，也还只是一个假设，自从《资本论》问世以来，唯物主义历史观已经不是假设而是科学地证明了的原理。[⑤] 毛泽东在1938年提出抗日战争将是持久战的"设想"，"设想"即是"假设"，他承认这个假设"不能尽合将来的事实，而将为事实所校正"。他认为，尽管如此，提出这个假设是很有必要的，为着坚定地有目的地进行持久战的战略指导起见，描绘出轮廓的事仍然是需要的。[⑥]

---

① ［法］彭加勒：《科学与假设》，《科学的价值》，光明日报出版社1988年版，第3页。
② 《马克思恩格斯选集》第4卷，人民出版社1995年版，第336页。
③ 梁启超：《清代学术概论》，东方出版社1996年版，第34页。
④ 罗尔纲：《困学集》，中华书局1986年版，第155页。
⑤ 《列宁选集》第1卷，人民出版社1960年版，第10页。
⑥ 《毛泽东选集》（一卷本），人民出版社1966年版，第452—453页。

所谓描绘出轮廓的事就是提出设想。后来抗日战争的实际进程完全证明了毛泽东的设想的英明与正确。英国艺术理论家克莱夫·贝尔（Clive Bell，1881—1966）把他所提出的一个著名的美学观点——"有意味的形式"是艺术品之基本性质，合理地称为"审美假设"①，不过这个假设至今仍不能说已完全得到证实。

胡适提出的十字口诀，把假说与求证紧密地联结在一起，这一点十分重要。因为假说只是为求真理而提出的一种假定的看法。假定的看法是否为真，必须经过事实的检验、验证。检验可有两种结果：一是证明假说为真，假说就成了真理；一是证明假说为假，那么假说就应被废弃。恰如彭加勒所说的："假说有着必不可少的作用，这是谁也无法辩驳的。不过，它应当尽可能早地、尽可能经常地受到检验。当然，如果它经不起这种检验，人们就应当毫无保留地抛弃它。"②

怎样提出假设？又怎样进行求证？梁启超和罗尔纲对此有细致的描述和清楚的说明，这些都是他们的经验之谈，现将他们的话引述如下。梁启超铺叙了求证假设的过程，他写道："科学之目的，在求定理，然定理必经过假设之阶级而后成。初得一义，未敢信为真也，其真之程

---

① ［英］克莱夫·贝尔：《艺术》，中国文联出版公司1984年版，第10页。

② ［法］彭加勒：《科学的价值》，第115页。

度，或仅一二分而已。然姑假定以为近真焉，而凭借之以为研究之点，几经试验之结果，浸假而真之程度增至五六分，七八分，卒达于十分，于是认为定理而主张之。其不能至十分者，或仍存为假设以俟后人，或遂自废弃之也。凡科学家之态度，固当如是也。"① 罗尔纲则以考据为例，把从提出假设到求证假设的始末娓娓道来。他说："考据建立假设是通过这样一个过程：第一、积累资料；第二、根据研究过的事实提出假定；最后进一步证实和检验所提出的假定。所以考据所提出的假设，是从不充分的证据归纳出来的。它只作为一种特（"特"似应为"待"——引者注）证的假定，必须积累更多的证据和经得起反证，才得成为定论。考据提出假设，必须从实际材料出发，而不允许凭空提出的；假设的证实，必须依靠更多的证据，并且尊重反证来作检验，而不允许主观臆断的。"②

在胡适提出的十字口诀中，有两个字眼应加注意，一个是"假设"的定语"大胆的"，一个是"求证"的定语"小心的"。胡适用这两个定语是经过深思熟虑的，是有深意的。所以，这两个字眼很值得细细玩味。据我的体会，"大胆的假设"之"大胆的"有两点含义：第一，要充分放飞想象力，要敢于发奇思妙想，创意、创新就孕育在这

---

① 梁启超：《清代学术概论》，第 34 页。
② 罗尔纲：《困学集》，第 488 页。

奇思妙想中。爱因斯坦就十分重视想象力对科学研究的积极意义，他在《论科学》一文中写道："想象力比知识更重要，因为知识是有限的，而想象力概括着世界上的一切，推动着进步，并且是知识进化的源泉。严格地说，想象力是科学研究中的实在因素。"① 第二，传统的观念、传统的理论，往往容易束缚人们的思想，以致窒碍创新精神。所以，要想创新，就要有突破成规旧说的勇气，就要有标新立异的胆量。举个例子说，在法国化学家拉瓦锡（Antoine-Laurent Lavoisier，1743—1794）之前一百多年，人们用燃素说来解释燃烧过程。认为燃烧时火焰向上飞腾而去，火焰夹杂着的火星就是"燃素"。许多物质如木材、煤炭、油类都含有大量燃素。一旦燃烧，燃素就集中释放，形成火焰。燃烧剩余的灰烬的重量远远少于可燃物原来的重量，这是燃烧释放掉了燃素的结果。然而，燃素说跟一些事实相抵触。比如锡和铅等金属燃烧之后，重量不但没有减少，反而有所增加，这如何解释？英国化学家约瑟夫·普利斯特里做过一个实验，用直径很大的聚光镜加热氧化汞时，搜集到一种助燃作用极强的气体。由于他的观念囿于成说，没能跳出旧理论的藩篱，因而他把这种气体称为"脱燃素气"。他实际上发现了氧气，却由于没能跳出旧理论的藩篱，而与氧气失之交臂，多么遗憾啊。拉

---

① 《爱因斯坦文集》第1卷，第284页。

瓦锡得悉这个情况，重复了普利斯特里的实验，他认为，所得到的气体是一种元素。他用这种气体进行了一次逆向实验，就是使它与汞结合，结果又生成了氧化汞。拉瓦锡终于解开了燃烧的秘密：燃烧是可燃性物质与空气中的氧元素相结合的结果。[①] 有趣的是，普利斯特里却反对拉瓦锡的新观点。这个例子有力地说明了，要想在科学上有所创造，敢于破旧立新是多么的重要。那么，"小心的求证"之"小心的"是什么意思呢？我以为也有两点意思。首先，也是最重要的一点，就是要充分尊重事实，尊重证据。胡适说得很分明："科学的方法，说来其实很简单，只不过尊重事实，尊重证据。"[②] 他常以一句话教人，那就是："有几分证据，说几分话。"他还谆谆嘱咐："治史者可以作大胆的假设，然而决不可作无证据的概论也。"[③] 对于求证据、重证据这件事，胡适真是小心加小心啊。其次，在求证假设的过程中，不要遽下结论。胡适在1936年给北京大学哲学系毕业生的赠言中说得很清楚："没有证据，只可悬而不断；证据不够，只可假设，不可武断；必须等到证实之后，方才可以算作结论。"[④] 对于下结论这件

[①] 参阅何利轩编《发现的故事》，四川人民出版社2001年版，第109—110页。
[②] 胡适：《治学方法》，第2页。
[③] 胡适：《治学方法》，第31页。
[④] 胡适：《读书与治学》，生活·读书·新知三联书店1999年版，第78页。

事，胡适真是慎之又慎啊。

第五节　从材料中提炼论点之范例

鉴于从材料中提炼论点是论文写作的核心环节，初学者务须参透其中奥秘。为此，我精心遴选了几个不同类型的范例，放在下面，以供参考，相信对大家会有所启发。

范例一，大陆漂移说的提出。

大陆漂移说是德国气象学家、天体物理学家阿尔弗雷德·魏格纳（Alfred Lother Wegener，1880—1930）创立的。1906年他到格陵兰岛从事气象和冰河调查，发现了一些奇异的现象：冻得比石头还硬的冰河竟然也会缓慢地移动，而且地下居然还有煤层。格陵兰位于北极圈内，根本没有高大树木，不可能生成煤炭。那么，地下的煤炭层是从哪里来的呢？这是个大大的疑问。魏格纳大胆地提出一个假设：莫非北极圈内的陆地是从别处漂移过来的？从此他就一直在思考、探究这个问题。1910年，他到邻居塔可博士家聊天，谈起了大陆漂移假设。墙上正好有一张地图，他不经意地看了看。意外的是，看着看着，却有了神奇的发现，他惊叫道："如果将非洲和南美洲这两块大陆拼在一起，正好可以互相接合哩。"塔可博士也很感兴趣地凑到地图前。魏格纳继续说："南美洲巴西的一块突出部分和非洲的喀麦隆海岸凹进去的部分，形状恰好相吻合。如果移动这两块大陆，使它们靠拢，不正好镶嵌在一起了吗？"塔可博士端详了半天，也看出了名堂，说："照地图看来，不但非洲和南美洲可以拼合，就连南极洲、北美洲和欧洲，都可以彼此吻合地拼在一起。"世界地图为大陆漂移说提供了新的证据。第二年秋天，魏格纳偶然看到一篇论文，说到根据生物学和考古学方面的研究证实，南美洲和非洲等大陆的地层都出现了小型恐龙化石，可以推测这两块大陆在太古时代是以陆桥相连的。这篇论文所推测的事实使得大陆漂移说再次得到了证实。[①] 嗣后，魏格纳陆续搜集了地球物理学、地质学、古生物学和生物学、古气候学、大地测量学等各个方面的证据来论证大陆漂移说，于1915年写成了《海陆的起源》一书。至今大陆漂移说业已成为公认的科学结论。由这个例子可以看到，提出假设需要胆子大、需要想象力、需要创造性。

范例二，进化论的创立。

进化论的创立者达尔文（Charles Darwin，1809—1882）原来是信奉基督教的，因而相信基督教所宣扬的神创论，即认为世界上的一切物种都是上帝一手创造的，而且各个物种自始至终万古不变。自1831年起达尔文随贝格尔号考察船到南美洲、大洋洲一些国家及大西洋上的一些岛屿作地质学和生物学的考察，搜集到了大量的动植物的

---

① 参看何利轩编《发现的故事》，第183—185页。

化石和标本，了解到了许许多多动植物变异的情况。这些事实对他触动很大，使他对物种不变的观点产生了怀疑，于是他开始思考和探究物种变异的动力和根源。家养动物和植物的培育使他受到启发，他悟到："［人工］选择，就是动物和植物有用族类的基本原理。"① 由此，他脑子里萌发了一个假设，即选择也是自然界生成新物种的基本原理。可是在相当长的一个时期内，怎样可以把选择应用到那些在自然状态下生存的生物方面，这对达尔文来说依然是一个谜。达尔文为了消遣偶然翻阅了英国经济学家马尔萨斯的《人口原理》，从中得到了启发。《人口原理》的基本观点是：人口理论建立在两条法则之上，一是食物为人类生存所必需，二是两性间的性欲是必然的。马尔萨斯认为，人口以几何级数增加，而食物以算术级数增加，因此，在自然的情况下，人口增长超过了食物的增长，达到了生活资料仅能维持生存的极限，就会发生饥馑、疾病、犯罪和战争。马尔萨斯提出的解决办法是所谓的"道德抑制"，就是要穷人不结婚生孩子。这个理论当然是错误的，而且是带着阶级偏见的。首先，人口与食物增长的关系并不一定是几何级数和算术级数的关系。其次，单单不让穷人结婚生子是极不公平的。达尔文并不赞成马尔萨斯的观点，却从马尔萨斯的理论中汲取了某种灵感，那就是：自

---

① 《达尔文回忆录》，第77页。

然界由于生物数量增加而食物有限，因而必然引起激烈的生存竞争。他写道："一切生物都有高速增加其个体的倾向，这必然会导致生存竞争。……其实这正是马尔萨斯的学说，此学说应用到整个动植物界具有强大的说服力。"① 达尔文在这里找到了自然界物种变异的动力和根源。食物的短缺引起生存竞争，为了进行生存竞争，物种就会发生变异；生存竞争的结果是，有利于生物个体生存的变异得到保存，有害的变异就遭到毁灭，这样就生成了新的物种，造成了物种的进化。这也是一种选择，是自然的选择，所谓"物竞天择"。自然选择与人工选择原理相通，达尔文写道："人类仅为自己的利益去选择，而'自然'却是为保护生物的利益去选择。"② 达尔文从人工选择联想到自然选择，又从马尔萨斯的人口理论联想到自然界的生存竞争，最后建立了进化论。达尔文善于联想，从联想中产生假设，而且他的联想和假设非常富于创造性。

范例三，剩余价值学说的创立。

马克思创立的剩余价值学说，揭示了资本主义剥削的秘密。这个秘密原来是被工资形式掩盖起来的。因为工资的形式消灭了工作日分为必要劳动和剩余劳动、分为有酬劳动和无酬劳动的一切痕迹，全部劳动变为有酬劳动。③

---

① ［英］达尔文：《物种起源》，陕西人民出版社2006年版，第17页。
② 《达尔文回忆录》，第97页。
③ 《马克思恩格斯全集》第23卷，人民出版社1972年版，第590页。

工资的形式似乎表明，资本家以工资购买了工人的劳动；工资就是工人劳动的价值或价格。古典经济学家就完全被"劳动的价值"这样一个虚幻的用语迷惑住了。劳动价值理论在揭示资本家发财致富的秘密的问题上陷入了绝境。马克思突破古典经济学的藩篱，创造性地确立了"劳动力"这个概念，同时区分了劳动力这种商品的二重性，即劳动力的价值和使用价值，从而使经济学从上述绝境中走了出来。马克思确立劳动力这个概念是经过了相当长时间的思考和探索的。劳动力是工人的劳动能力，劳动是劳动力的职能。劳动力是一种商品，工人出卖给资本家的是劳动力而不是劳动。劳动力的价值，主要是维持工人本人及其家属所必需的生活资料的价值。劳动力的使用价值是创造新的价值。马克思说："具有决定意义的，是这个商品独特的使用价值，即它是价值的源泉，并且是大于它自身的价值的源泉。"[①] 马克思把工人的劳动区分为必要劳动和剩余劳动，把劳动时间区分为必要劳动时间和剩余劳动时间。必要劳动是工人为获得自己所必需的生活资料而进行的劳动，资本家以工资的形式偿付给工人。剩余劳动创造剩余价值，这是资本家无偿地从工人那里得到的财富，这就是资本家发财致富的真正的秘密。考察剩余价值学说创立的过程，我们可以得到两点强烈的印象：（1）从材料中

---

① 《马克思恩格斯全集》第23卷，第219页。

提炼论点,要透过现象抓住本质。欲透过现象抓住本质,需要强大的抽象力、思维力。列宁说得好:《资本论》不是别的,"正是把'堆积如山的实际材料总结为几点概括的、彼此紧相联系的思想'"[①]。(2)理论的创新,有赖于思维的创造性,正是思维的创造性之树,结出了剩余价值学说之果。

[①] 《列宁全集》第1卷,人民出版社1963年版,第121页。

第 四 章

论　　证

第一节　论证是说服人的艺术

论文有三个要素：论点、论据和论证。论点是论文所要表达的主题、要旨，它是论文的核心与灵魂。论点需要论据的支撑，论据是能证明论点的正确性或证明它与事实相符合的根据。没有论据的支撑，论点就不能取信于人，如《中庸》所说："无征不信。"韩非子就十分强调论据对于论文的重要性，他说："无参验而必之者，愚也；弗能必而据之者，诬也。"（《韩非子·五蠹》）意思是说，不经考察、验证而获得证据就贸然肯定一个观点或一件事情，那是愚蠢的；把未经验证的观点或事情当成真理而抱住不放，那是造假骗人的勾当。所以，提出论点必须带上论据。前一章我们讲的是从材料中提炼论点，论点来源于材料，论点所从出的材料，就是现成的论据。

荀子认为，宣传自己的观点，想要别人信服，就必须做到"持之有故，言之成理"（《荀子·非十二子》）。持之有故，就是说提出论点必须带有论据；言之成理，说的是有了论据还不够，还要把论据何以能、怎么样证明论点的理由与过程讲明白、讲清楚，而且要讲得有条有理、头头是道，从而让人对你所言心悦诚服。这就是论证的功夫。所以我们说论证是说服人的艺术。

论点与论据之间必定有一种内在联系，只是在很多情况下，这种内在联系是隐蔽的，曲折的，因而并不是显而易见，一目了然的。论证的作用就在于把存在于论点与论据之间而并不显然的内在联系揭示出来。随便举个例子说吧。两个朋友傍晚时分在一起散步。甲不经意间看到燕子低飞，就说："啊，天要下雨了。"乙问："有什么根据？"甲答："你没看到燕子飞得很低吗？"乙又问："燕子低飞就要下雨，何以见得？"对"何以见得？"这个问题如果回答不好，人家对甲的判断就会将信将疑。论证的任务就在于回答好"何以见得？"这个问题。那么，燕子低飞与天要下雨之间究竟有什么内在联系呢？因为下雨前，高空的气压比较低，空气湿度大，一些小飞蛾之类的小飞虫，由于翅膀沾了水汽变得沉重而无力高飞。燕子为了扑食它们，也就飞得低了。小飞虫不易被人看到，燕子低飞则很明显，因此燕子低飞就成了天要下雨的征兆。经这么一说，人们对燕子低飞天要下雨这个说法就会深信不疑了。

再举一例。元杂剧《包侍制智勘灰阑记》中，财主马均卿之妻与妾张海棠为争夺马家小儿闹得不可开交，最后闹到了开封府，闹到了包拯面前。马妻与张海棠皆宣称自己是小儿的亲生母亲，但是谁都拿不出有力的证据。聪明的包拯就设法制造出一个证据来。怎么个造法呢？他下令在法庭的堂下画一个石灰圈，将小儿置于其中，命两个妇人分别站在小儿的两边，各拽着小儿的一只胳膊，说定谁把小儿拉到自己怀中谁就是小儿的亲生母亲。开始时，两个妇人都用力拉小儿，小儿显出痛苦之状。海棠怕伤着小儿，两次都松了手，小儿两次被马妻拉了过去。马妻正在得意之时，包拯向马妻大喝一声，你不是小儿的生母，海棠才是小儿的生母！包拯的话让所有在场人员都感到愕然。断定拉走小儿的妇人不是小儿的生母，是何道理？不讲清这个道理，包拯的判断就难以服人。讲清这个道理，正是论证的任务。且看包拯是如何论证的吧。包拯指出，按照人情之常，母亲都疼爱自己的儿女，不忍心他们受到伤害，张海棠不敢使劲拉小儿，就是这个缘故。而马妻对小儿的痛苦满不在乎，拼命地拉小儿的胳膊，恰好证明她跟小儿毫无亲情。这个道理说得大家心服口服。

论证是论文写作中必不可少的一个环节，它是证实论点的重要手段，也是知识得以确立的有力支柱。德国哲学家迈纳（A. Menne）指出："知识是论证了的认识。因此论证对于科学认识具有极为重要的意义。"[①] 一种认识、一种观点，经过论证与未经论证是大不一样的，前者令人信服，后者让人将信将疑。拿进化论来说，1858年的一天，达尔文收到拉塞尔·华莱士寄来的一篇论文，题目是"论变种无限离开原始模式的倾向"。华莱士征询达尔文对此文的意见，并问达尔文能否把此论文交给他在伦敦某科学协会当负责人的一位朋友。达尔文看了论文后，写信给朋友说："我从未见过如此令人惊讶的巧合……我所有的独创，不论价值如何，都将被推翻。"那时达尔文关于进化论的伟大著作尚未出版。但是，人们仍然认为进化论的创始人是达尔文，原因何在？美国自然历史博物馆馆长奈尔斯·埃尔德雷奇做了解释，他说："功劳之所以记在达尔文名下是因为他做了分析和学术工作，而且写了这本书（指《物种起源》）。不过，他也是首先发现这些证据的人。华莱士只是有些好主意而已。"[②] 所谓"学术工作"就包括论证在内，而华莱士就没有做足这种工作。进化论，在达尔文那里属于已经"论证了的认识"，而对华莱士来说还仅仅是一个"好主意"而已。

[①] ［德］阿·迈纳:《方法论导论》，王路译，生活·读书·新知三联书店1991年版，第170页。
[②] 《达尔文最先发现进化奥妙》，《参考消息》2006年8月16日第10版。

第二节 论证的方法

论证的方法多种多样，下面仅举出较为常见的几种。

第一，事证法。

用客观事实作为论据来证明论点，这就是事证法。俗话说，事实胜于雄辩。摆事实，讲道理，是一种很有力且有效的论证方法。事证法是用个别事例来证明一个普遍性的结论。这里需要注意，所举事例必须具有代表性，而不是胡乱地、随手拈来的个别事实。所谓代表性，指的是不是仅此一例，而是许许多多同类事例中最突出的一个。我们从材料中提炼论点的做法必须符合归纳推理的原则，事证法所选用的事例就要从归纳推理所依据的众多事实中去选取。如列宁《统计学和社会学》一文中所指出的："在社会现象方面，没有比胡乱抽出一些个别事实和玩弄实例更普遍更站不住脚的方法了。罗列一般例子是毫不费劲的，但这是没有任何意义的或者完全起相反的作用，因为在具体的历史情况下，一切事情都有它个别的情况。如果从事实的全部总和、从事实的联系去掌握事实，那末，事实不仅是'胜于雄辩的东西'，而且是证据确凿的东西。如果不是从全部总和、不是从联系中去掌握事实，而是片断的和随便挑出来的，那末事实就只能是一种儿戏，或者甚至连儿戏也不如。"① 因此他强调必须毫无例外地掌握与所研究的问题有关的事实总和,而不是抽取个别的事实。

秦代李斯的《谏逐客书》可以说是成功运用事证法的一篇范文。秦始皇十年,发生了一个有名的郑国渠事件。韩国的水利专家郑国到秦国,劝说秦王修建一条引泾水注入洛水的庞大灌溉渠,此渠长达三百余里,可灌田四万余亩。修建这条水渠吸引了秦国大量的物力和人力,从而削弱了秦国的国防力量。修渠事件被认为具有间谍性质。秦国的宗室大臣于是就向秦王进言:各诸侯国的人来秦国做事,大都是为他们的主子做间谍工作的,因此,请秦王下令把一切客卿都驱逐出境。时任秦国丞相的李斯是楚国人,也在被驱逐之列。李斯为此写了《谏逐客书》,来向秦王进谏。秦王看了此文之后,就收回成命,放弃了驱逐客卿的政策。此文说服力之强大,可想而知。李斯在文章开头就旗帜鲜明地亮出自己的观点,认为驱逐客卿的政策是错误的。紧接着他列举了一连串的事实来证明自己的观点。他指出,秦国最有作为的四位君王都是凭借客卿们的功勋,使得秦国日益强盛,最终完成了建立大一统帝国的大业。缪公等四位君王和为他们所信用的百里奚等众多客卿,无疑是从"有关的事实的总和"中遴选出来的,是最具代表性的,用他们作证据来证明客卿有功于秦,是有强

---

① 《列宁全集》第 23 卷,人民出版社 1958 年版,第 279 页。

大的、不可辩驳的说服力的。

第二，引证法。

引证世所公认的公理、原则或权威人士的业已被历史证明为正确的所作所为，作为证据，这就是引证法。举例来说，澳大利亚前总理弗雷泽批评美国的对华政策，认为美国政府不应支持李登辉的"两个中国"的立场，就采用了引证法。他在《克林顿的"两个中国"综合症》一文中写道："当美国南方企图从合众国分裂出去时，林肯是怎么说的？现在，如果德克萨斯州想独立，美国的总统会怎么说？把德克萨斯州从美国割裂出去，在原则上和给予台湾以独立地位是一样的。"[①] 弗雷泽提到的是美国历史上的一件大事。在美国南北战争期间，南方诸州企图从合众国分裂出去，作为总统的林肯宣布南方为叛乱，并以总司令之职权命令军队剿灭之。结果是林肯平息了南方的叛乱，维护了合众国的统一。有意思的是，1999年时任总理的朱镕基访美时，在华府与时任美国总统的克林顿联合举行的记者招待会上，也提到了林肯。朱镕基说，他前一天在克林顿的办公室看到林肯总统的肖像，想到了当年的林肯，认为"我们应当向林肯学习"，学习什么呢？朱镕基说，为了维护祖国的统一和反对南方的独立，林肯诉诸武力并为此即为了维护美国的统一而进行了一场战争。言外之意

---

① 《参考消息》1999年7月31日。

是，我们中国为反对"台独"可以以林肯为师，这是无可指摘的。弗雷泽与朱镕基不约而同地引用了林肯的事例，这个引证法是用得非常巧妙的。他们是用为美国人所十分尊敬的林肯所做的正确的事，来告诫克林顿政府，你们支持李登辉的"两国论"，是违背你们的祖宗的榜样的。

第三，喻证法。

用比喻作论据来证明论点，这就是喻证法。作为喻体的东西，可以是真实的事情，也可以是虚构的故事。这种论证方法的长处是，使说理变得生动有趣，引人入胜。我国古代先哲是善用喻证法的行家，许多寓言故事就是喻证法遗留的喻体。下面看一个喻证法的实例。《吕氏春秋·审应览第六·具备》提出这样一个观点："凡立功者，虽贤，必有其具，然后可成。"就是说，要想做成一件事情，必须具备一定的条件，否则，再有能耐也难获成功。为了证明这个论点，作者采用如下事实作为论据，即春秋时期鲁国国君派宓子贱去治理亶父的始末。宓子贱是孔子弟子，在受命之初，怕鲁君听信谗言，而使他没法按自己的意志施政，于是，他在向鲁君辞行时，请求鲁君派两名近臣与之同行。得到鲁君准许后，宓子贱就携二吏去了亶父。亶父的官吏都来谒见，宓氏让同去的二吏记录会见情况。当二吏作记录时，宓氏就拽他们的胳膊，使他们没法写好字，宓氏反过来因二吏字写得不好而对他们发怒。二吏对此满腹牢骚，就要求解职回朝。宓氏对他们说，你们

第四章 论证

连字也写不好,快回吧。二吏回到朝廷向鲁君报告了宓氏的所作所为。鲁君听了汇报后叹息道:这是宓先生在规劝我的不是呢,想必我已有多次扰乱宓先生的工作而使他不能成功了。如果没有你们这两个人,我几乎要一错到底了。鲁君于是就派亲信到亶父告诉宓氏:从今以后,亶父的事我一概不管,全听你的,你想怎么办就怎么办,五年后向我报告治理情况就行了。三年之后,孔子的另一个弟子巫马期到亶父微服私访,考察亶父的治理情况。巫马期看到夜间捕鱼的人,逮了鱼又把它放了。巫马期觉得奇怪,问道:"捕鱼就为了抓到鱼,你为什么抓到了又放掉了呢?"那人答道:"宓先生不想让人捕捞小鱼,我放掉的都是小鱼。"巫马期归告孔子,孔子感叹说,宓子贱的德政可以说是达到最高境界了,能使老百姓在夜间做事,好像有人在旁监督一样。《吕氏春秋》用比喻的方法,把宓子贱治理亶父这件事作为喻体,来说明一个道理:让人做事,就要为他创造条件,而不要随便去干扰他,这样才能取得成功。

再看一个用编造的故事作喻体的例子吧。《吕氏春秋·慎大览第三·贵因》提出这样一个观点:"治国无法则乱,守法而不变则悖……世易时移,变法宜矣。"为什么需要变法呢?《吕氏春秋》讲了一番道理。对于先王之法,即使是那些在当时行之有效的,也不可一成不变地搬来用于今日。因为先王之法是根据当时的社会情况而制定的。先王之法传下来了，但是这法所据以制定的社会情况却没有传下来。恰恰相反，"世易时移"，社会情况变化了，先王之法对变化了的社会情况就不适合了。为此，我们应当从实际出发，制定适合现实情况的新法。为了强化这个观点，《吕氏春秋》编了一个寓言作为喻体，对这个观点进行了论证。这个寓言是这样的：一个楚国人乘船渡河，一不小心把剑掉到了河中。他急忙在船舷上刻了一个记号，记住他的剑是在正对着这个记号的地方掉下去的。船行一程之后停了下来，此人就对着船舷上作了记号的地方下水寻剑。结果可想而知。用刻舟求剑这个寓言来论证守法不变必遭败绩，有力而且有趣。

第四，剖析法。

这种方法要求把问题分析得很深刻，把道理讲得很透彻。这种方法以雄辩取胜。鲁迅的《我之节烈观》[①]是运用剖析法的一篇范文。该文发表于1918年8月的《新青年》，猛烈地抨击了北洋军阀政府和社会上复古主义者提倡"节烈"的反动思潮。当时政府明令"表彰节妇"，报章上经常刊登颂扬所谓"节妇""烈女"的纪事与诗文。鲁迅旗帜鲜明，坚决反对，写了这篇文章。他用充分说理的方法，论证了提倡节烈的荒谬与害人。针对提倡节烈的言论，鲁迅提出了一连串的诘问：不节烈的女子如何害了

---

① 载《鲁迅全集》第1卷，人民文学出版社2012年版。

国家？何以救世的责任全在女子？表彰节烈有何效果？节烈是否道德？多妻主义的男子有无表彰节烈之资格？把这一连串问题分析透了，也就把节烈这种事的不合情理、不合道德、无益社会、无益人生的本质暴露无遗了。以鲁迅对上述第一个问题的分析为例，来看看剖析法的实际运用吧。鲁迅指出，当时国家的情形是"国将不国"，丧尽天良的事故层出不穷，刀兵盗贼水旱饥荒连年而起。但是，此等现象只是不讲新道德、新学问的缘故；况且政界、军界、学界、商界等等里面，全是男人，并无不节烈的女子夹杂在内。至于水旱饥荒，那是专拜龙神、滥伐森林、不修水利、没有新知识的结果，而与女子无关。只有刀兵盗贼，往往造出许多不节烈的女子，但那是兵盗在先，不节烈在后，并非因为妇女不节烈了，才将刀兵盗贼招来。你看看，道理讲得多么透彻呀，让人明白了把"国将不国"的责任推到不节烈的女子身上是多么的不合情理呀。

剖析法又一好例：邓聿文所写的《中国式通胀："解药"是公平收入分配》。[①] 该文以严密的逻辑，环环相扣的论述，论证了该文标题所示的观点。文章指出，中国出现了较高的通货膨胀，有人说这是"结构性通货膨胀"。为什么会产生"结构性通货膨胀"？该文作者认为，这是因为我们的经济中存在一个长期未能解决的"死穴"：经济

---

① 《作家文摘》2007年12月21日。

结构失衡。一方面是投资的高速增长形成过剩产品和产能；另一方面是消费的持续萎缩导致内需不足。过剩产品和产能在国内找不到出路，就必须改为寻找出口，因此就形成了经济中另一个结构性矛盾：外贸失衡，出口大于进口。再进一步问：经济结构为什么会失衡？产能过剩和内需不足的矛盾为什么多年来一直得不到解决？答案就在于，分配结构失衡了，普通劳动者的收入长期上不去。分配结构的失衡既存在于二次分配的领域，即百姓劳动收入与国家财政收入相比，国民财富向政府倾斜；更存在于一次分配领域，即劳动者工资与企业利润相比，企业财富向资本倾斜，体现劳动力价格的工资收入长期偏低。出现这种现象，是因为中国早期改革缺的是资本，富裕的是劳动力，因此在分配领域采取的策略是收入向资本倾斜。劳动力价格的长期偏低，其后果就是造就大量的低收入劳动者，他们是想消费的一个群体，但由于收入低没有能力增加消费；而占有财富绝大多数、有能力消费的富人，由于消费的边际递减，也缺少消费动力。国内自身的消费市场不可能扩大，生产的产品便只有出口和改为投资消费。所以，中国的经济发展不得不依赖于投资与出口。用一个逻辑链条来表示的话，分配结构失衡造成了消费不足，消费不足使得生产的产品没人买，导致产能过剩，产能过剩又使得多数的钱花不出去，从而形成流动性过剩，最后使得货币贬值，物价上涨。对于中国式通胀，必须深入分配结构里去，解决由分配结构失衡引致的收入差距扩大。看吧，这一番议论穷原竟委，切中肯綮，有较强的说服力。

第五，对比法。

以已知之事物为参照，拿未知之事物同它作比较，找出两者之间的差别，就显出未知事物之性质和特点了。

法国人类学家路先·列维—布留尔（Lucien Levy-Bruhl，1857—1939）认为原始人同现代人思维方法不同，从而形成了两种不同的思维类型。他把前者的思维称为"原始思维"，这种思维与所谓"集体表象"紧密联系着。何谓"集体表象"？这种表象有如下特点：它们在一定集体中是世代相传的；它们在集体中的每个成员身上都留下了深刻的烙印；它们的存在不取决于任何个人。"集体表象"纠缠着原始思维，使得原始思维具有了两个特点，一是神秘性，二是原逻辑性。布留尔是怎样论证原始思维的存在及其特征的呢？他用的是对比法，即把原始人的思维方法同现代人的思维方法相对比。他写道："知觉的整个心理生理过程，在他们那里也和在我们这里一样。然而在原始人那里，这个知觉的产物立刻会被一些复杂的意识状态包裹着，其中占统治地位的是集体表象。原始人用与我们相同的眼睛来看，但是用与我们不同的意识来感知。……所以，即使在最平常的知觉中，即使在对最简单的事物的最寻常的知觉中，也表现了我们的意识与原始人的意识之间存在着深刻的差异。原始人的知觉根本上是神秘的，这是因为构成原始人的任何知觉的必不可少的因素的集体表象具有神秘的性质。"[1] 作者举出大量的事实来证明原始人思维的神秘性。"原始思维"这个观点（假设）就是从原始人的思维方式同现代人的思维方式的对比中获得的，因而研究方法也就成了论证方法。

第六，推论法。

推论法是根据已知的事实来推知待考的事实或必然会出现的情况。林肯为威廉·阿姆斯特朗辩护案是推论法的典型。林肯从报纸上得悉他青年时代朋友的儿子阿姆斯特朗被人诬告谋财害命，并已被法庭判定有罪。林肯决定为阿姆斯特朗辩护，提请法庭对此案进行复审。他查阅了全部案卷，并且亲身到案发现场进行了实地勘察。他发现法院据以定罪的证据是虚假的。林肯是如何发现和论证这一点的呢？他运用了推论法。本案的关键证人名叫查尔斯·艾伦，他在陪审团面前发誓说，1857年10月18日夜11时，他曾亲眼看到阿姆斯特朗和一个名叫梅茨克的人斗殴。当时皓月当空，月光下他看见阿姆斯特朗用流星锤击中了梅茨克。在法庭上，林肯对艾伦进行了质询，主导了一场精彩的对话。

---

[1] ［法］列维—布留尔：《原始思维》，商务印书馆1987年版，第35页。

林：你发誓你看见的是被告？

艾：是的。

林：你在草堆后面，被告在大树下，相距二三十米，能看清吗？

艾：看得很清楚，因为月光很亮。

林：你肯定不是从衣着方面辨认？

艾：我肯定看清了他的脸，当时月光正照在他的脸上。

林：你能肯定是晚上 11 点？

艾：完全可以肯定，因为我回屋看了时钟，那时是 11 点 15 分。

林：你担保你说的完全是事实？

艾：我发誓，我说的完全是事实。

质询完毕，林肯立刻向听众宣告，这个证人是彻头彻尾的骗子！接着，林肯拿出了证据。他出示了美国的历书，历书证明：10 月 18 日晚 10 点 57 分月亮已经落下。林肯指出，证人发誓说，他在 10 月 18 日晚 11 时在月光下看清了被告的脸，但历书证明那天晚上是上弦月，11 点月亮已经下山了，哪来的月光呢？林肯进而指出，退一步说，就算是证人对时间的记忆不准确，我们把时间提前一些吧，月亮还在天上，而草堆在东，大树在西，月光从西边照过来，被告脸向西的话，证人根本看不到他的脸；如果被告脸朝草堆，即脸朝东，那么月光照在他的后脑勺上，他的脸背着月光，证人在二三十米开外的地方，怎么能看清被告的脸呢？林肯的无可辩驳的推论，把证人彻底打垮了，他不得不承认自己是被人收买来陷害被告的。①林肯作出这个推论，首先需要有强大的推理能力，此外还需要有丰富的生活经验和想象力。

第七，类比法。

类比法是这样的一种论证方法：为了证明一件事情，不是去直接申述这件事情，而是着力于证明与此事情相类似的另一件事情，而使人联类而及地想到欲证明的事情。在第二次世界大战期间，美国科学家就是用类比法说服美国总统罗斯福同意制造原子弹的。1939年，美国的一些科学家得悉希特勒德国正在研制原子弹，他们就竭力劝说爱因斯坦以他个人的名义给罗斯福写信，希望美国抓紧原子弹的研究与开发。爱因斯坦听从劝告给罗斯福写了信（1939年8月2日），信中说明美国具备了制造原子弹的能力，还提请总统注意，有迹象表明，德国正在从事研制此类炸弹。这封信辗转通过总统经济顾问亚历山大·萨克斯之手于11月才送到总统面前，却没有给总统留下深刻印象。而对总统发生作用的是在翌日吃早餐时萨克斯特意给

---

① 参见常秀鹏《林肯的阿姆斯特朗辩护案》，2011年11月3日，百度网（https://wenku.baidu.com/view）；王怀臣《美国总统林肯无罪辩护案》，2013年4月1日，百度网（https://wenku.baidu.com/view）。

罗斯福讲的一段历史：美国发明家罗伯特·富尔顿带着自己的蒸汽船设计图去见拿破仑，拿破仑却说他的设计没有实用价值，拿破仑因此失去了一个用动力机装配的船只入侵英国的机会。萨克斯就此事评论说："如果当时拿破仑表现出更多的想象力和耐心，19世纪历史的发展可能完全改观。"罗斯福听了上述故事和评论之后，就下定了制造原子弹的决心。[①] 爱因斯坦致信罗斯福与富尔顿求见拿破仑这两件事有类似之处，那就是机不可失，时不再来。萨克斯巧妙地运用类比法说服了罗斯福。

  运用类比法的另一个好例子是，春秋时期的晏子对楚王问。齐国的晏婴出使楚国，楚王预谋想要当面侮辱他。正当楚王宴请晏子的时候，席间有两个小吏缚着一个人来到楚王面前。楚王问：这人是干什么的？小吏答：齐国人。楚王又问：他因为什么被缚？答：因为偷盗。楚王看着晏子问道：齐国人本来就善于偷盗吗？晏子辩驳说：我听说，橘生于淮南，就是橘；移栽到淮北，就成了枳。为什么会这样呢？因为水土不同的缘故。老百姓生长在齐国不偷盗，到了楚国就变成盗贼了，是不是因为楚国的环境使老百姓变成盗贼呀？楚王自讨了个大大的没趣。橘变枳与民变盗的原因有相似之处，那就是生存环境的作用。晏

[①] 参见［苏］库兹涅佐夫《爱因斯坦传》，商务印书馆1988年版，第263页；《爱因斯坦鼓动罗斯福研发原子弹》，2011年2月24日，光明网（http://epaper.gmw.cn）。

子的类比法就是抓住了这一条。

还有的事情，则唯有用类比法才能加以论证和证明，比如以西班牙阿尔塔米拉洞窟壁画为代表的原始壁画。这些原始壁画为几万年前的原始人所作，所画的对象主要是动物，偶尔出现似动物非动物的形象。这些图像的目的和意义是什么？原始人只留下了图像，却没有留下任何关于这些图像的说明资料。因此，我们对这些图像的目的和意义的解释都只是推测和假设。假设甚多，仅列举几种：让人欣赏的艺术；巫术符号；标示季节变化的符号。其中第二种假设即巫术符号论得到较为广泛的认同。这种假设就是运用类比法得到论证的。首先，我们知道什么是巫术。巫术是企图利用虚构的超自然力量来实现某种愿望的法术。《金枝》一书的作者、对巫术深有研究的英国人詹姆斯·乔治·弗雷泽指出，巫术借以建立的原则有两条，第一条可称为接触律，巫师能通过一个物体对一个人施加影响，只要该物体曾被那个人接触过。第二条可称为相似律，巫师能够仅仅通过模仿就实现他想做的事。比如，当一位印第安人企图加害于某人时，他就按照仇人的模样制作一个小木偶，然后将一根针刺入其头部或心部，他相信就在他这么做的同时，仇人身体上相应部位会立即感到剧痛；如果他想马上杀死这个人，便一面念咒语，一面将这个木偶烧掉或埋葬。原始人的洞窟壁画与巫术符号有许多相仿或类似的地方：其一，洞窟壁画的图像为动物形象,是对现实中的动物的生动模仿,与模仿巫术的符号相符合。其二,动物形象身上有矛枪之类武器戳刺的痕迹。使动物图像遭到破坏,绝不是艺术创作的要求,如果用巫术眼光来看,恰好可以说得通,那就是戳刺动物图像,就可以在真实的狩猎活动中获得好的效果。其三,有许多洞窟壁画所在的地方,又黑暗又危险,几乎是一般人难以接近或到达的。把壁画画在这样的地方,无疑是经过精心选择的,目的不是让人参观,而是拒绝参观,保持它的神秘性,这正是巫术活动的要求。找出洞窟壁画与巫术活动的诸多相似点,类比法的论证就完成了。

第八,归谬法。

归谬法主要用于批驳错误的观点或行为。要批驳一个错误的观点,先表示承认这个观点,从而依据这个观点本身的逻辑,把这个观点推到极端,使这个观点的荒谬性暴露无遗,这样这个观点就不攻自破了。举一个例子,我国战国时期的楚庄王特爱一匹马,他让它衣文绣,住华屋,吃枣脯,最后这匹马得肥胖病死了。楚庄王命令以大夫礼埋葬它。此事遭到群臣非议。楚庄王发怒了,当众宣告,谁来劝告,他就杀了谁。于是人们都缄默了。优孟来到楚庄王面前,仰天大哭,并进言道:这匹马是您大王所爱,按大夫礼葬还不够规格,应按国君礼葬;要用雕玉作棺,文梓作椁,叫各国使者都来送葬;还要给马建造一座庙,让它享受万户侯的待遇,这样,才能让诸侯们都知道大王贱人而贵马呀。楚王听了优孟的话,恍然醒悟,知道自己错了。(司马迁《史记·滑稽列传》)

关于论证的方法,不止于此,暂说几例吧。

第三节　应注意的几个问题

在进行论证的时候,有一些容易发生的问题,需要加以注意,兹列举如下。

第一,论点自相矛盾。论点自相矛盾,论证势必破绽百出。有一本美学教程,在"美的特征"一章中,说形象性是美的显著特征,断言道:如没有这种形象性,就不成其为美。而在"美的存在领域"一章中,却说存在着一种无形象性的抽象美即科学美,认为它借助抽象的理性形式表现了人类智能的理论美。这两个观点是互相否定的,互相打架的,这只能引起读者的困惑。

第二,论据与论点不相契合。论据是用来证明论点的。但是,在有的论文中,论据却与论点互不相关。这样,论点得不到证明,论据则毫无作用。有一篇文章提出一个论点,认为艺术教育对创造力的培养有重要的作用,给出的论据是:达尔文年轻时热爱诗歌、小说、绘画和音乐,可是后来他发现自己因对艺术的兴趣丧失导致创造力衰退。这个论据并不能证明它所要证明的论点。达尔文年轻时热爱艺术,这对他的创造力的培养有什么作用呢?关于这一点,文章并没有加以论证,因而不能使人相信论据足以证明论点。论据中提到达尔文后来因对艺术兴趣的丧失导致创造力衰退,这并非事实,相反,他却成了一位极具独创性的、伟大的生物学家,这倒是恰恰证明了缺乏艺术兴趣无碍于创造力的生长与发挥。

第三,类比不当。前面讲过有一种论证方法是类比法,运用这个方法时要避免类比不当。举一个例子,西方基督教神学喜欢用类比法来论证上帝的存在。他们的论证方法如下:宇宙是一个由许多部分构成的和谐整体,正如钟表是由许多零件构成的和谐整体一样。钟表有一个创造者,就是钟表匠;同样,宇宙也应该有一个创造者,那就是上帝。这个论证就是类比不当。其失足之处在哪里呢?宇宙和钟表都是和谐整体,在这一点上,两者相类似;说两者皆有创造者,也还可以接受。钟表由人所创造,是事实,是真理。但是,宇宙是怎样生成的,却是一个需要探讨、研究的问题。把宇宙的创造归功于上帝,是毫无根据的臆造,何况连上帝本身的存在都还没人能够加以证明呢。所以,不能把钟表由人创造的事实同宇宙由上帝创造的观点相类比。

第四,循环论证。循环论证就是拿论点与论据交相证明,其典型形态可表述如下:一问:"嗬,满天乌云翻滚,雷电交加,这是怎么啦?"一答:"雷神发怒了。"又问:"说雷神发怒有何证据?"再答:"你没看见满天乌云翻滚,雷电交加吗?"让雷电交加与雷神发怒互为证明,等于什么都没有证明。亚里士多德认为,循环论证是没有意义的,他指出:"在证明的不受限制的意义上,循环的证明显然是不能成立的。"他又说:"认为证明是交互的,并因而认为一切事物都能够得到证明,是毫无意义的,不能成立的。"[①]

[①] [古希腊]亚里士多德:《工具论》,广东人民出版社1984年版,第163—164页。

第 五 章

谋篇布局

论文不但要言之有物，而且要言之有序。言之有物，讲的是论文要有充实的内容，即要有创新性的论点、坚强的论据、严密的论证。言之有序，讲的是论文内容的展示方式，要展示得次序井然，即要思路顺畅、布局合理、结构完美。言之有序的问题，就是谋篇布局的问题，这就是本章的内容。

第一节　论文结构的几种基本类型

文章有多种体裁，各种文体都有其区别于他者的一些特点，这些特点设定了它的边界，而这些边界又不是绝对不可冲破的，论文自然也不例外。金代文学家王若虚就谈到了这个问题，他在《滹南遗老集》卷三七《文辨》中以自问自答的方式写道："或问：'文有体乎？'曰：'无。'又问：'无体乎？'曰：'有。''然则果何如？'曰：'定体则无，大体则有。'"南齐的张融有相同的看法，他说："夫文岂有常体，但以有体为常，政当使常有其体。"（《南齐书·张融传》）钱钟书对上述两人的看法撮其要点，指出："盖文章之体可辨别而不堪执着。"[①] 这些话不仅对各种文体来说是正确的，对于同一文体内的每篇文章来说也是适用的。论文作为一种独立的文体，它有一些区别于其他文体的特点。论文必有三要素即论点、论据和论证，这是论文的根本的特点。论文的语言也有其特点，那就是以论说性见长。所有论文都共同具有该文体的特点，这就是所谓"大体则有"或"常有其体"。但是各篇论文又可以有这样那样的差别，这就是所谓"定体则无"，其表现方式之一就是各篇论文有不同的结构方式。

下面我们就来探讨一下论文的几种基本的结构方式。论文的结构有其最一般的形态，即由绪论、本论和结论三个部分构成。关于这三个部分的功用有这么一种说法，即凤头、豹尾和猪肚子。"猪肚子"的称谓并无贬义，指的是它容量大，论文的核心部分都装在这里，论文的三要素都在这里得到展示和展开。论文三要素展示和展开的方式就形成了结构。结构只是一种形式，形式必须服从内容，采用什么样的结构方式，完全取决于论文的内容。论文的结构大体有如下几种基本的类型。

---

① 钱钟书：《管锥编》第 3 册，中华书局 1999 年版，第 889 页。

第一，并列式。论文所要论述的几个问题或方面，并无主次或轻重之分，它们各自独立，互不相属，它们之间是并列的关系。对这几个问题或方面一一进行论述，文章的结构方式就呈现为并列式。例如，张岱年的《中西哲学比较的几个问题》一文，从五个方面对中西哲学进行了比较，这五个方面是：（1）中西思维方式的异同，（2）中西本体论的异同，（3）中西哲学根本范畴的异同，（4）天人关系与主客关系，（5）中西人生理想的异同。[1] 一目了然，这五个方面是并列的关系。

第二，递进式。论文所论述的几个问题之间的关系，从意义上说是前后勾连、层层递进的关系。例如周谷城《评没有世界性的世界史》[2] 一文，由三个部分构成。首先，通过对西方资产阶级学者所写世界史内容的分析，指出这些世界史是"以欧洲为中心的世界史"，从而为这些史书定了性，此为第一层；其次，以事实为根据，指出"世界史不应以欧洲为中心"，这是对前述世界史的否定，此为第二层；再次，历陈两次世界大战之后，以苏联为首的社会主义阵营的出现，以及亚、非、拉民族解放运动的兴起，引起了"欧洲中心的动摇与我们的希望"，此为第三层。这三个层次从意义上说，层层递进，一气贯通。

---

[1] 谢龙编：《中西哲学与文化比较新论》，人民出版社1995年版。
[2] 《周谷城学术论著自选集》，北京师范大学出版社1992年版。

第三，主从式或曰纲目式。文章开头就把本文内容的要点开列出来，嗣后把这些要点逐一展开，详加论述，这就是纲举目张式的结构方式。毛泽东的《实践论》就取这种结构方式。文章开头就指出马克思主义认识论的两个基本观点：（1）社会实践是人的认识的基本来源，（2）只有社会实践才是人们对于外界认识的真理性的标准。嗣后，文章分析和论述了认识过程中的两个阶段即感性认识和理性认识以及这两种认识的辩证关系；论述了理论须回到实践去，受到实践的检验；论述了认识须随着社会实践的发展而跟着发展；论述了相对真理与绝对真理的关系。[①] 这些论述都是紧扣着上述两个基本观点来进行的。

第四，连贯式。论文所论述的几个问题在时序上是前后衔接、顺序而下的，照此安排的论文结构就是连贯式。蔡仲德的《中国古代音乐美学思想概述》[②] 一文就属于连贯式结构。该文把整个中国音乐美学思想，按照历史顺序、根据它发展的实际情况，划分为四个时期，逐个加以论述。这四个时期是：（1）萌芽时期，（2）百家争鸣时期，（3）总结发展时期，（4）表演美学发展时期。这四个时期按照历史顺序连贯起来。

第五，混合式。一篇论文含有一种以上的结构方式，

[①] 《毛泽东选集》（一卷本），人民出版社1966年版。
[②] 蔡仲德：《中国音乐美学史稿》，人民音乐出版社1988年版。

就是混合式。以谢龙的《比较哲学的方法论问题》为例，该文由四个部分组成，它们是：（1）比较哲学促进哲学反思与创新的宗旨，（2）比较哲学多层面的研究模式，（3）以具有民族特质的哲学为坐标，（4）哲学坐标和实践坐标的关系。前三部分分别讲比较哲学的功用、研究模式和坐标，它们是并列关系；三、四两部分由哲学坐标延伸到实践坐标，这是递进关系。所以这篇文章包含两种结构方式，是为混合式。

论文的结构方式不止于上举的几种，这里仅仅是举一些例子而已。从以上例子我们对论文结构可以得到如下几点认识：其一，论文的结构多种多样，"定体则无，大体则有"。其二，一篇论文只要其内容完满有序而非杂乱无章，总会找到合适的结构方式来表现。其三，一篇论文应取何种结构方式，完全取决于论文的内容，而不能由作者事先决定，也不能凭作者的喜好而定。其四，各种结构无优劣之分，一篇论文的结构，只要是能把论文的观点充分地、有条有理地表述出来，这个结构就是适宜的，好的。

第二节　编写大纲

我国南北朝时期的著名文艺理论家刘勰在其名著《文心雕龙》中列出专章名曰"附会"，专门谈论文章的谋篇布局问题，对我们颇有教益。他指出，文章有两种写法：

"或制首以通尾，或尺接以寸附；然通制者盖寡，接附者甚众。"所谓"制首以通尾"，指的是在落笔之初，对论文的整体即如何开头、如何铺开直至如何结尾，就有了通盘筹划，这就是人们常说的"胸有成竹"。所谓"尺接以寸附"，指的是在动手写作时，对文章的整体，心中无数，只能是边想边写，边写边想，写完上句想下句，写完上段想下段，写到哪里算哪里，纯粹是思绪跟着笔头走。这两种写法，孰优孰劣，无需多话。何以会有两种写法？刘勰认为，是由于"才分不同，思绪各异"，在我看来，恐怕主要的原因在于论文写作的知识和经验的问题。无知识与经验的作者极易犯"尺接以寸附"的毛病，有知识与经验的作者都会采取"制首以通尾"的写法。

那么，怎样才能做到"制首以通尾"，而避免"尺接以寸附"呢？刘勰的主张是："附辞会义，务总纲领，驱万涂于同归，贞百虑于一致，使众理虽繁，而无倒置之乖，群言虽多，而无棼丝之乱。"关键在于"总纲领"，就是要紧握纲领，用纲领来统领全文。实现"总纲领"的办法就是编写大纲。编写大纲乃是撰写论文的一个不可轻忽的环节。茅盾讲过写大纲的必要性。他写过一篇《创作的准备》的文章，其中一个小节的标题就是"写大纲"，显然是专门谈论写大纲问题的。虽然他针对的是小说的创作，但是他的意见对论文写作也有指导意义。因为无论是小说的创作，还是论文的写作，都需要写大纲，而且大纲对两者所起的作用也完全相同，那就是：大纲使得作者对所写的东西有一个明晰的、切实的"鸟瞰"，从而能够做到通观全局，照顾整体。他认为，写短篇小说未必写大纲，但是写长篇巨制则"必须先有大纲"。他写道："须知：写长篇的过程中，作者的心头应当有全部作品的整个轮廓时时在念，——换句话说，他当时手下写的虽然是局部，但他的眼光必须射及全盘，否则，将来脱稿后通篇的精神气势难得一贯。……所以，'大纲'这东西尽管不能是一成不变的壳子，尽管在写作过程中时时有修改，而且大大地修改，但预先写一个'大纲'总是有利无弊的。"[1]像学位论文那样的长篇论文就如同长篇巨制的小说，写学位论文同样"必须先有大纲"。

大纲写什么？怎样写？如果要用高度概括的语言来说，就是两句话，八个字，那就是：捋顺思路，列出要点。每篇论文总归有多项内容或者多个论点，要用简短的语词把它们一一开列出来，并且根据它们之间的内在联系，安排好它们呈现的先后次序。这样，大纲就是论文的具体而微的模样，而且大纲就是论文写作的路线图。有了大纲，论文写作就会完成得比较顺当。大纲确定之后，按照大纲写成论文，当然也需要修改，但是可以避免太大的周折以致推倒重来那样严重的情况。倘使不编写大纲就贸

---

[1] 《茅盾全集》第21卷，黄山书社2014年版，第37页。

然动笔，就可能出现这样的问题：重要的内容没写进去，或者没写透，不重要甚至与主题无关的内容倒写进去了，而且写得很多；还有可能整篇文章思路不清，逻辑混乱。在这种情况下进行修改，就需要对论文做伤筋动骨的大手术，费时间可就多了，费精力可就大了。再有，我们知道，几万字乃至十几万字的论文绝不可能一挥而就，常常要断断续续写上几个月，乃至一两年。期间杂事频出，常常迫使你不得不停下笔来去忙别的事情，而且一停不止三日五日。写文章最怕被打断思路，因为思维的连续性遭到破坏，不但有碍于文气的畅通，而且延宕了写作的进度。有了大纲在手，就无思路被打断之虞了，因为大纲已经把全文的思路从头到尾贯通了，停笔之后，任何时候续笔都可以马上把思路接通。

下面我们来说说大纲的具体的写法。

第一种是标题式。用单词、短语或短句把所要论述的内容简要地表述出来，文末不加标点。陈寅恪"晋南北朝隋唐史研究备课笔记"之"大纲"，就是标题式大纲的一个范本，其大纲如下：

民族篇
　　甲、五胡之乱　　其前因与后果
　　乙、六镇之乱　　北朝隋唐统治者之种姓问题
　　丙、唐代藩镇及后唐汉晋皆外族

文化篇
　　甲、道教
　　　　一、道士之夷夏论
　　　　二、道教与禅学
　　乙、佛教
　　　　一、鸠摩罗什以前之佛教
　　　　　　（一）法雅之格义
　　　　　　（二）道安之经录
　　　　二、鸠摩罗什以后之佛教
　　　　　　（一）涅槃经之影响
　　　　　　（二）天台宗之教观
　　　　　　（三）禅宗之依托
　　　　　　（四）宗密（密宗？）之融通学说[1]

　　在一般情况下，大纲是作者写给自己看的，是不会公开发表的。不过，对于篇幅较大的论文，作者为了让读者能看清论文的眉目，往往列出目录，把它放在正文前面，实际上这就是论文的标题式大纲，如季羡林《商人与佛教》一文的目次。[2]
　　第二种是提要式。用完整的句子把论点陈述出来，并

---

[1]　《陈寅恪集·讲义与杂稿》，生活·读书·新知三联书店2002年版，第34—35页。

[2]　见《季羡林自选集》，首都师范大学出版社2009年版。

标明用什么论据。这种写法乃是第一种写法的进一步的细化与扩展。达尔文谈到了他在编写大纲时由第一种写法进到第二种写法的情形,他写道:"我在自己著写的几部书中,曾经把大量时间耗用在一般材料的整理方面。起先,我在两三页稿纸上写出最粗略的提纲,接着把它扩充为几项较长的纲要,用不多的词句,甚至用单词,去充当整个论断或一批事实。我开始用扩展形式写作以前,先把其中每个小标题再扩大一些,而且时常把它们更换成新词。"① 此处所说"最粗略的提纲",当指标题式的;"把它扩充为几项较长的纲要",就是逐步使之成为提要式的。

在论文写作过程中,随着新材料的不断发现,以及思考的不断深入,原有的观点不可避免地会有所变化,或有所提升,或有所修正,或有所改变,这种变化要在大纲中反映出来,因此就要适时地修改大纲。大纲就是论文写作的路线图,对此要有足够的重视。

第三节 论文结构的几个关节

论文结构中有一些关节,需要用心加以处理。这些关节处理不好,论文就不免带有这样那样的瑕疵;反之,把这些关节处理妥帖了,就能把论文打造得像一件完美的工

---

① 《达尔文回忆录》,商务印书馆1982年版,第91页。

艺品一样。这些关节就是：全局与局部、开头与结尾、段落与层次、过渡与照应。下面对这些关节逐一加以论述。

全局与局部。全局与局部的关系，主要表现在核心内容与各个分支部分的关系上。核心内容犹如统帅，要突出，各个分支部分都要围绕和服从核心内容，而不能分散和削弱核心内容。常有这样的情形，某一个观点或一项材料，就其本身来说，确实很新鲜，很宝贵，但是由于它会分散和扰乱了核心内容，那就得忍痛割爱，舍弃不用。要知道，再好的观点与材料，如果跟论文的核心内容无关，那么它就犹如人体上的附赘悬疣，有害而无益。所以，不管怎样，局部要服从全局，跟主旨无关的材料和观点，都要加以裁汰，毫不吝惜。如果你觉得那条材料确实珍贵，那个观点确有意义，那就宁可另写一篇文章。初学论文写作者，往往喜欢堆砌材料，而不善于取舍，以致形成局部膨胀而游离于核心的情形，这值得注意。

开头与结尾。论文的开头和结尾，字数都不多，但是并不好写，而且它们所起的作用不可小觑。前面提到论文的开头、结尾有豹头、凤尾的说法，意思是开头要一鸣惊人，引人入胜，结尾要言尽意不尽，令人回味无穷。我看马克思恩格斯所写《共产党宣言》的开头、结尾真正符合豹头、凤尾的要求。它的开头语言生动，笔锋犀利，是这样写的："一个幽灵，共产主义的幽灵，在欧洲徘徊。旧欧洲的一切势力，教皇和沙皇、梅特涅和基佐、法国的激进党人和德国的警察，都为驱除这个幽灵而结成了神圣同盟。……从这一事实中可以得出两个结论：共产主义已经被欧洲的一切势力公认为一种势力；现在是共产党人向全世界公开说明自己的观点、自己的目的、自己的意图并且拿党自己的宣言来对抗关于共产主义幽灵的神话的时候了。"① 这个开头引起读者对共产党人和共产党宣言的好奇与盼望，盼望了解共产党宣言的内容。这正是这个开头所要达到的目的。它的结尾宣告共产党人的目的，更是豪情满怀，气贯长虹，它是这样写的："共产党人不屑于隐瞒自己的观点和意图。他们公开宣布：他们的目的只有用暴力推翻全部现存的社会制度才能达到。让统治阶级在共产主义革命面前发抖吧。无产者在这个革命中失去的只是锁链。他们获得的将是整个世界。"②

用豹头、凤尾来形容开头、结尾，讲的只是开头、结尾的功能，而没有涉及开头、结尾所应包含的内容。现在我们要说一说开头、结尾应该讲些什么内容。一般说来，开头要说的内容大致如下：一是申明写作此文的目的，二是说明写作此文的意义，三是挑明写作此文的必要性，四是宣示论文所要探讨的主要内容，五是开宗明义亮出论文的核心论点。诸如此类，不一而足。再说文章结尾，一般

---

① 《马克思恩格斯选集》第 1 卷，人民出版社 1972 年版，第 250 页。
② 《马克思恩格斯选集》第 1 卷，第 285—286 页。

说来，文章结尾要说的内容大致如下：一是对全文要点加以归纳、总结，二是从论题联系现实，展望未来或提出希望，三是言尽即止，该说的话说完了，论文也就结束了。

层次与段落。一篇论文除了核心论点之外，还有一些次级的论点。这些论点在论文展开的进程中次第呈现，这就形成了层次。每个层次的内容还会是相当丰富和复杂的。把一个层次里面的内容划分成一个个的组成部分，这就形成了段落。一个段落通常叙述一件事情或表达一个意思。在层次与段落的划分上，要做到层次分明，段落清晰。这样的论文显得有条有理，井然有序。阅读这样的论文，犹如顺水行舟，流畅痛快。层次不清、段落纷乱的文章，叙事说理常给人东一榔头、西一棒子的感觉，历来遭人诟病。宋代的朱熹批评汉代贾谊的文章有没头没脑、"乘才乱写"的毛病。大学者钱钟书赞同朱熹的看法，他认为"先秦两汉之文每笥卯懈而脉络乱，不能紧接逼近，以之说理论事，便欠严密明快。墨翟、荀卿、韩非、王充庶几免乎此"[1]。

过渡与照应。过渡，讲的是处理段落与段落之间、层次与层次之间互相衔接的一种手段。在文章当中，当意思转折或话题跳跃的时候，就需要用一句话或一段话起到过渡作用，来把两层意思或两个话题联结起来，却似一座桥

---

[1] 钱钟书：《管锥编》第 3 册，第 888 页。

梁把河流两岸沟通起来一样。否则，会让人有文意离散、文脉断裂之感。先讲一讲意思转折处需要过渡，我们从《共产党宣言》中找到一个例子。共产党人主张消灭私有制，资产阶级就责备共产党人是要消灭个人挣得的、自己劳动得来的财产。针对资产阶级的责备，马克思恩格斯进行了批驳。从叙述资产阶级对共产党人的责备转到对这种责备的批驳，意思上是一个很大的转折。这里如果没有一个过渡，上下文的脉络就断裂了，转折就会让人觉得非常突兀。马克思恩格斯在这里用了这样一个过渡句："好一个劳动得来的、自己挣得的、自己赚来的财产！"[1] 这个过渡句起到了否定资产阶级的责备、引出对这种责备进行批驳的作用。再举例讲一讲话题跳跃处需要过渡。在季羡林所写的《原始社会风俗残余》一文中，前一段讲的是阿里·阿克巴尔的《中国纪行》所记载的利用妓女求雨的事情，后一段讲到印度鹿角仙人的故事。这两个话头跳跃很大，中间如无过渡，两个话头就连接不到一起。季羡林在这里用了两句话来起到过渡作用，这两句话是："怎样来解释这种情况呢？我首先想到了印度。"[2] 这两句话承前启后，过渡得如行云流水。

照应，讲的是前后文互相关照与呼应，从而使整篇文

---

[1] 《马克思恩格斯选集》第 1 卷，第 265 页。
[2] 《季羡林自选集》，第 511 页。

章血脉贯通，浑然一体。刘勰谆谆告诫作者要注意照应，他在《文心雕龙·章句篇》中写道："启行之辞，逆萌中篇之意；绝笔之言，追媵前句之旨。故能外文绮交，内义脉注，跗萼相御，首尾一体。"清代戏剧理论家李渔也教剧作家要重视照应，他说："每编一折，必须前顾数折，后顾数折。顾前者，欲其照应；顾后者，便于埋伏。"① 这段话的意思完全适用于论文写作。鲁迅的《拿来主义》一文是一篇照应周密的杰作。文中说，一所大宅子里有各种东西，如鱼翅、鸦片、烟枪，对这些东西要统统拿来，然后作不同的处理，或使用（照应鱼翅），或存放（照应鸦片），或毁灭（照应烟枪），照应得多么周密。还有，文章开头提出"拿来主义"的主张，文章结尾又归结到拿来主义，认为"没有拿来的，人不能成为新人；没有拿来的，文艺不能成为新文艺"，首尾互相呼应。

---

① 李渔：《闲情偶寄》，中国华侨出版社2014年版，第14页。

第六章

语　　言

第一节　"工欲善其事,必先利其器"

《后汉书》的作者范晔在《狱中与诸甥侄书》中谈到写文章的原则,他说:"常谓情志所託,故当以意为主,以文传意。以意为主,则其旨必见;以文传意,则其辞不流;然后抽其芬芳,振其金石耳。"① 这话完全正确。范晔讲清楚了文章(包括论文)中文与意的关系以及文的职能。意,指文章所包含的思想与感情,这是文章的主脑、统帅;文,指文字,书面语言。文要服从于意,文的职能是把意准确地传达出来,在此基础上,力求语言显得美如鲜花,声如金石。

"以文传意"这个说法明确地告诉我们,语言是传情

---

① 郭绍虞主编:《中国历代文论选》上册,中华书局1962年版,第179页。

第六章 语言

达意的工具。孔子说得好:"工欲善其事,必先利其器。"(《论语·卫灵公》)为了写好论文,必须学好语言,要有驾驭语言的能力。而驾驭语言并不是一件轻而易举的事情,孔子指出:"书不尽言,言不尽意。"(《周易·系辞上传》)说的是要把自己的心意充分地、完满地表达出来是非常困难的事情。因此,连大文豪、大学者都常常为此而劳神。晋代文学家陆机在《文赋》中感叹"恒患意不称物,文不逮意"。① "意不称物",讲的是意(或为艺术意象,或为理论观点)同它所反映的客观事物(对象)不相称、不符合。"文不逮意",讲的是文即语言同所要表达的意,达不到互相符合、丝丝入扣的地步。陆机用了"恒患"一词,表明他常常为"意不称物"和"文不逮意"而烦恼啊。苏东坡讲过同样意思的话,他在《答谢民师书》中写道:"求物之妙,如系风捕影;能使是物了然于心者,盖千万人而不一遇也,而况能了然于口与手者乎。"② 求物之妙而能了然于心及了然于口与手,就是"意称物"和"文逮意"这两层意思的别一种说法,苏东坡极言做到这两件事的困难。刘勰和刘禹锡则特别探讨了"文不逮意"的原因。刘勰在《文心雕龙·神思篇》中写道:"方其搦翰,气倍辞前;暨乎成篇,半折心始。何则?意

---

① 郭绍虞主编:《中国历代文论选》上册,第136页。
② 郭绍虞主编:《中国历代文论选》上册,第5页。

翻空而易奇，言征实而难巧也。"刘禹锡的《视刀环歌》中有这样的诗句："常恨言语浅，不如人意深。"刘勰和刘禹锡的话揭示了这样一个事实：人的内心世界即人的思想、感情是极其丰富、复杂而微妙的，这就是所谓"意易奇"和"人意深"；而用来表达思想、感情的语言却终究是有限的，因而显得"言难巧"和"言语浅"。这一深一浅的不平衡就是常常导致"文不逮意"情况的最深根源。我之所以历陈文豪们对"以文传意"之难的感叹，意在使学子们对这个问题有深刻的印象与认识，从而下定决心好好地学习语言，提高驾驭语言的能力。

怎样学习语言呢？不外两条道路。第一，向人民群众学习。人民群众是语言的源泉，语言发源于人民群众，同时在人民群众中得到发展，而且是不断地发展。人民群众的语言无比丰富，无比生动。看看倪萍写的《姥姥语录》吧，让我随便摘录几句供大家欣赏："爱越分越多，爱是个银行，不怕花钱，就怕不存钱。""靠山山倒，靠人人老，靠来靠去你就发现了，最后你靠的是你自己。""人的手不能轻易伸，只有一件事可以把手伸出来，救命的事儿。"让我补充我妈妈的一则语录吧。我妈妈说："父母对儿女的情意路一样长，儿女待父母的情意筷一样长。"这些话是多么深刻，多么精彩，多么有生活气息。第二，向书本学习。书面语言是提炼了的语言。从古代的四书五经、诸子百家到历代优秀的文、史、哲、经、教著作，合起来构成了一个语言的宝藏，这里面充满了名言、佳句、隽语、成语之类语言的精华。优秀著作的作者，莫不是驾驭语言的能手和大师。大量地、广泛地阅读他们的著作，无异于饱览大师们驾驭语言的技巧表演，这对提高我们驾驭语言的能力大有裨益。

第二节　论文对语言的要求

刘勰在《文心雕龙·论说篇》中指出："理形于言，叙理成论。"论文是用来说理的，道理要用语言来表达。那么，论文对语言有一些什么样的要求呢？

第一个要求，通顺。

把话讲得通顺，应该是语言的最基本的要求。连话都讲不通顺，如何让人了解你的思想呢？但是，语言不通顺的情况相当普遍，所以这事需要我们加以注意。

据《现代汉语词典》的解释，文章和语句没有语法和逻辑上的毛病，就叫通顺。可见，文章和语句不通顺有两种表现，同时也是两种原因，一是语法上的毛病，二是逻辑上的毛病。下面我们举出一些病句，并加以分析，以便以此为戒，避免犯不通顺的毛病。避免了不通顺，不就归于通顺了吗？

先看看有语法毛病的句子。常见的语法上的毛病大致有如下几种。

一是成分缺失。一个完整的句子往往包含主语、谓语、宾语、定语、状语、补语等多种语法成分。其中一些成分对句子来说是必不可少的，少了它，句子就成了残句。而不同的句型有不同的必要成分。且看成分缺失的一些情况。

主语缺失。例如："在德国启蒙时期哲学思想的领域之中，以理性主义占据主导地位。"这个句子没有主语。"在……之中"是一个介词结构，可作状语。"以理性主义"也是一个介词结构，不能作主语。"占据主导地位"是一个动宾词组，作谓语。可见这个句子缺失主语。作者的本意是用"理性主义"作主语，但是，在理性主义前面加了一个介词"以"，"以理性主义"这个介词结构成了修饰动词"占据"的状语。这样一来，"理性主义"作为主语的资格就被废掉了。由于滥用介词而废掉主语的情况，是一种多发的、常见的语法错误。这个句子的改法是，去掉"以"字即可。

宾语缺失。例如："他的发言表达了我们为实现现代化而奋斗。"谓语动词"表达"应该带一个名词性的宾语，"我们为实现现代化而奋斗"是一个主谓词组，作表达的宾语不合适。可在这个主谓词组后面加上"的决心"三字，得出一个以名词"决心"为中心的偏正词组，用它作谓语动词"表达"的宾语就对了。

必要词语的缺失。例如："诸葛恪仰仗的就是《白泽图》，在一番记诵之后，便可高枕无忧，妖怪的知识因此而受到人们的青睐。"该句子的本意说的是"关于"妖怪的知识，而不是妖怪的知识。妖怪的知识指的是妖怪自身所具有的知识，如用什么花招去害人；关于妖怪的知识指的是人们所获得的与妖怪有关的知识，如掌握了妖怪的特点，便可以据此去降伏妖怪。《白泽图》有关于妖怪的知识，因而受到人们青睐。所以此句子中介词"关于"不能缺失。

二是搭配不当。句子中的相关成分，如主语和谓语、及物动词和宾语、修饰语和中心词都是互相搭配的，搭配一定要适当。搭配不当乃是一种常见的语病。且看种种搭配不当的情况。

主语和谓语搭配不当。例如："五月的江南正是梅雨的季节。"句中的主语是"江南"，谓语是"是……季节"，显然搭配不当。"江南"是地域，不是季节。应把主语改为"江南的五月"，句子就通了。

动词和宾语搭配不当。例如："金庸的小说甚受广大文化青年的爱不释手。"动词"受"和宾语"爱不释手"不搭配。"爱不释手"是一个动补词组，不能作宾语。此句可有两种改法，改为"金庸的小说甚受广大文化青年的喜爱"，或改为"广大文化青年对金庸的小说爱不释手"。

修饰语和中心词搭配不当。例如："日子一天天在翘首期待的指尖如水般流逝。"指尖怎能"翘首期待"？这是定语与中心词搭配不当。再如："这本杂志有一个袒胸露背的封面。"袒胸露背，描写的是人物外表的一种状态，用这个词来修饰杂志封面显然不妥。此句可改为"这本杂志有一个印着一位袒胸露背妇女形象的封面"，或改为"这本杂志的封面上印着一个袒胸露背妇女的形象"。又如"仁人志士留下的只有一个个一贫如洗的伟名。"首先，"伟名"是一个生造的词，应该改为"英名"。其次，"一贫如洗"跟中心词"英名"不能搭配。此句可改为"仁人志士留下了不朽的英名。"

三是词语所处位置不当。例如："这是一件两千多年前出土的文物。"句中"两千多年前"一词位置不当。按字面理解，这句话的意思是：这件文物出土于两千多年前。但是，这并不是作者的本意。作者的本意是：这是一件新出土的文物，它制作于两千多年前。所以，这句话应改为："这件出土文物，是两千多年前的遗存。"再如："关云长的义气从小就给了他深刻的影响。"句中"从小"一词位置不当。谁"从小"？不是"关云长的义气"，而是"他"。所以，此句应改为"他从小就受到关云长义气的深刻影响"，也可改为"在他小时候，关云长的义气就给了他深刻的影响"。

再来说说逻辑上的毛病。语言学家吕叔湘和朱德熙指出："要把我们的意思准确地表达出来，第一件事情是要讲逻辑。一般人所说的'这句话不通'，多半不是语法上有毛病，而是逻辑上有问题。"① 语言学家王力进一步指出，即使是主谓不合、动宾不合这样一些语法上的毛病，也"多半不是语法问题，而是逻辑问题"。② 由此足见讲逻辑对语言通顺的重要性。

逻辑一词在现代汉语中是多义的，据陈波的看法，其主要含义有四点：（1）客观事物的规律，（2）某种理论、观点，（3）思维的规律、规则，（4）逻辑学或逻辑知识。③ 跟语言表达有关的是其第三个含义。语言表达一定要合乎思维的规律、规则，否则，语言表达就不通顺。

由各种各样的逻辑错误而导致语句不通的情况比比皆是，下面我们举出一些例子来看。

一是稻草人谬误。所谓稻草人谬误，是指这样的一种情况，即将对方的观点加以歪曲，从而加以攻击；实际上，攻击的不是对方真正的观点，而是自己制造的一个稻草人。请看例子。

马克思恩格斯在《共产党宣言》中指出，资产阶级强加给共产党人一个罪名：共产党人要实行公妻制④，从而

---

① 吕叔湘、朱德熙：《语法修辞讲话》，商务印书馆2013年版，第215页。

② 转引自陈宗明《说话写文章中的逻辑》，求实出版社1989年版，第12页。

③ 陈波：《逻辑学导论》（第3版），中国人民大学出版社2015年版，第3页。

④ 《马克思恩格斯选集》第1卷，人民出版社1972年版，第269页。

拿着这个罪名来攻击共产党人。共产党主张废除财产的私有制,即所谓共产,但是绝无共妻的意思。资产阶级污蔑共产党人主张共妻,那是对共产党主张的恶意歪曲,那是他们自己制造的一个稻草人。

日本外相麻生太郎称:中国拥有 10 亿人口,有核武器,军费连续 17 年两位数增长且内容极不透明。中国正在成为相当程度上的威胁。"中国威胁论"就是西方某些人士所制造的一个稻草人。改革开放以来,我国经济有了长足的发展;与此同时,我国大力加强了国防建设。我国经济发展走的是和平崛起的道路。但是,经济繁荣而无强大的国防,经济就没有保障。所以,我国在发展经济的同时加强国防建设,完全是出于保卫祖国、捍卫主权的需要。国力强大了,就去威胁别人、侵略别人,那是帝国主义的逻辑,也是帝国主义的历史。西方某些人因我国经济发展、国力增强而鼓噪什么"中国威胁论",不仅是无中生有、别有用心,也可以说是以小人之心度君子之腹的行为。

二是混淆概念的谬误。同一律是逻辑的基本规律。同一律的内容是,在同一思维过程中,概念必须与其自身保持同一。无意识地违反同一律,就是混淆概念的逻辑错误;有意识地违反同一律,就是偷换概念的逻辑错误。

例如:"教书是一门艺术,所以教师也是艺术家。""艺术"这个词有两个含义,一是指富有创造性的方式、方法，二是指用意象来反映现实、抒发感情的一种社会意识形式。艺术家乃是从事艺术创作和表演而有一定成就的人物。"艺术家"里的艺术用的是它的第二个含义。教师是以教书为职业的人。教书教得好，富于创造性，可以称它为艺术，这里的艺术用的是它的第一个含义，说"教书是一门艺术"就是在这个意义上说的。说教师也是艺术家，那是把两个含义不同的艺术概念相混淆了。

三是自相矛盾的谬误。矛盾律是逻辑的基本规律之一。矛盾律的内容是，对于互相矛盾的两个命题，必须否定其中之一，不能两个都加以肯定，否则就犯了自相矛盾的逻辑错误。

《韩非子·难势》中有这样一个故事："人有鬻矛与盾者，誉其盾之坚：'物莫能陷也'。俄而又誉其矛曰：'吾矛之利，于物无不陷也。'人应之曰：'以子之矛，陷子之盾，何如？'其人弗能应也。以为不可陷之盾与无不陷之矛为名，不可两立也。"此人对矛与盾的自夸是典型的自相矛盾的逻辑错误。再如："选择这一题目的初衷，实际上是导师的命题。""初衷"讲的是选题者最初的想法，"导师的命题"说的是导师出的题目。选择这一题目，如果出于选题者的初衷，那就不是导师的命题；如果是导师的命题，那就不是选题者的初衷。所以这句话自相矛盾。

四是概念不当并列的谬误。

例如："长期在厨房操作，会引发癌症、乳腺癌等疾病。"乳腺癌是癌症的一种，癌症包含了乳腺癌。把这两者并列，就犯了概念不当并列的错误。

五是意思模棱两可的谬误。

例如："张掖表演飞机坠落。"这句话可有两种理解：一是"张掖表演飞机的坠落"，那是一种飞行表演；一是"张掖表演的飞机坠落"，那是飞行表演出了事故。这两种理解，意思相差很远。到底是哪一种呢？

六是语意含混，莫名其妙的谬误。

例如："古希腊人是为人的精神和人的体现所产生的艺术美，而且是超脱出人性的弱点而产生的，在所有现今的意义上是无法去比拟的。"整句话语意含混，不可理解。再如："以前那种单纯的夫妻二人的性别战争，在生存压力超过一切的今天的大都市，恐怕已经是一种奢侈了。""性别战争"，什么意思？性别战争成了一种"奢侈"，又是什么意思？这些都不可索解。

第二个要求，准确。

在把话说通顺的基础上，还要求把话说准确。不准确的语言，其交流思想的功能就要大打折扣。所以文学家叶圣陶说："准确性这个标准极重要。发言吐语，著书立说，都需要用这个标准来衡量。"[①] 什么样的语言才叫准确呢？就是要选择最恰当、贴切的词语把所要表达的意思表达出

---

① 叶圣陶:《怎样写作》，巴蜀书店2014年版，第148页。

来，要做到词与意契合无间。

能用最恰当的词语来表达所要表达的意思，不是一件容易的事情。它既要有驾驭语言的能力，又要有丰赡的词汇储备，还要有遴选词语的功夫。古人把这番功夫称为"炼字""炼句"，《文心雕龙》就专门设立了"练字"篇，足见刘勰对此事的重视。刘勰提出"缀字属篇，必须练择"的主张，而且练字要求达到"捶字坚而难移"的地步。

前人有不少练字、炼句的佳话，在此不妨列举一二，也许对我们有启发、教育意义。唐代诗人贾岛修改《题李凝幽居》诗，是苦苦练字的著名例子。阮阅《诗话总龟》对此事有所记载，此篇记载的文字生动简洁，我忍不住将原文抄录如下："贾岛赴举在京师，一日驴上得句云：'鸟宿池边树，僧敲月下门。'又欲作'推'字，炼之未定，于驴上吟哦，引手作推敲之势，观者讶之。时韩退之权京兆尹，车骑方出。岛不觉行至第三节，尚为手势未已。俄为左右拥到尹前。岛具对所得诗句，'推'字与'敲'字未定，神游象外，不知回避。退之立马久之，谓岛曰：'敲'字佳。遂并辔而归，共论诗道，留连累日，因与岛为布衣之交。"为什么说"敲"字比"推"字好呢？律诗讲究对仗，"鸟宿池边树"之"宿"，虽有动作，但无声音。"推"同"宿"一样，也是有动作而无声音。而"敲"则既有动作又有声音，用"敲"对"宿"，是有声对无声。"推敲"现已成为一个语词，指的是写文章时字斟句酌、反复琢磨的情形。贾岛以作诗耽于推敲而闻名，他自称"两句三年得，一吟双泪流"，因而得名苦吟诗人。苦吟精神实在是求得语言准确的不二法门。

法国作家福楼拜也十分重视炼字，他说："我们所要表现的东西，这里只有唯一的字眼可以表示它，说明他的动作的，只有唯一的动词；限制它的性质的，只有唯一的形容词。我们一定要搜求这唯一的名词、动词和形容词，直到找到了它们为止，只是发现了近似的字眼，是不能满足的。而且不能以为这事困难，就马虎了事。"[1]

鲁迅的手稿给我们留下了许多锤炼字句的实例，值得我们细细品味。《坟》的"题记"中原有这样句子："君子之徒曰：你何以不骂杀人不眨眼的军阀呢？斯亦卑劣也已。但我是不想上这些诱杀方法的当的。"鲁迅对这句话作了两处修改，把"卑劣"改为"卑怯"，不敢骂军阀，当是卑怯而非卑劣；把"方法"改为"手段"，手段指不正当的方法，含有贬义，诱杀他人的方法，理应称为手段。[2] 在《藤野先生》一文中，鲁迅提到，有一些学生会干事，因藤野先生出于关心查看过鲁迅的听课笔记，就无端怀疑藤野先生在鲁迅的听课笔记上作了记号，把试题泄

---

[1] 转引自高贵馥《注意锤炼字句》，《文艺学习》1956年第2期。
[2] 北京鲁迅博物馆编：《鲁迅手稿选集续编》，文物出版社1963年版。

漏给了鲁迅，于是用各种办法影射鲁迅。后来真相大白，学生会干事也知错了，此事才算了结。鲁迅就此事的结果写道："终于这事情消灭了。"鲁迅把"事情"改为"流言"，这一改，给了此事以准确的定性，而且，"事情"跟动词"消灭"搭配不当，"流言"与"消灭"搭配正好。该文中还有这样一句话："在我所认为我师的之中，他是最使我感激，给我奖励的一个。"鲁迅把"奖励"改为"鼓励"。奖励是用荣誉或财物来鼓励，鼓励则一般是精神上的激励。藤野先生对鲁迅当然是鼓励而非奖励。[1]

综上所述，要使语言表达达到准确的目标，关键在于炼字、炼句。而要想进行炼字、炼句，需要一个先决条件，那就是腹中要有丰富的词汇储备，否则，炼字、炼句就是一句空话。怎样才能使我们腹中的词汇储备丰富起来呢？要注意从日常谈话和阅读中搜罗词汇，日积月累，不断地去充实你腹中的词汇库。见到新词和生词时，要勤查词典，务必把这个词的意义和用法搞清楚。积累词汇还有一个不错的方法，就是读词典。词典中的每个词，都有词义解释和用法举例，所以读起来并不枯燥。读词典只要坚持不懈，日积月累，必能收到良好的效果。

第三个要求，简练。

语言简练，是好文章的一个重要标准。梁启超指出：

---

[1] 北京鲁迅博物馆编：《鲁迅手稿选集》，文物出版社1962年版。

"凡文以词约义丰为美妙，总算得一个原则。"① 美学家朱光潜认为："简洁是文章的一个极可珍视的美德。"② 文章简练，好处多多，对作者而言，是其才能的表现；对社会而言，节约了纸张；对读者而言，节省了时间，而时间就是生命啊。难怪许多作者都竭力崇尚简洁，德国哲学家尼采表示："我的虚荣心是，用十句话说出别人用一本书说出的东西，——说出别人用一本书没有说出的东西……"③ 作家郁达夫则以一种令人惊讶的幽默方式表达了他的看法。有一次，郁达夫应邀讲文艺创作，他走上讲台在黑板写下了"快短命"三个大字，听众都觉得莫名其妙。他接着说："本人今天要讲的题目是《文艺创作的基本概念》，黑板上的三个字就是要诀。'快'就是通快，'短'就是简明扼要，'命'就是不离命题。演讲和作文一样，也不可说得天花乱坠，离题太远。完了。"④ 郁达夫从登台写字到演讲完毕，总共用了不到两分钟。这三个字不单是对文艺创作的基本要求，同样也是对论文写作的基本要求。

怎样才能做到语言简练呢？如果说求准确在于"炼"，那么求简练在于"删"。我们知道，请人修改文章用一个

---

① 夏晓虹编：《梁启超文选》上册，第10页。
② 朱光潜：《漫谈说理文》，载王力、朱光潜等《怎样写学术论文》，北京大学出版社1981年版，第39页。
③ ［德］尼采：《悲剧的诞生》，三联书店1986年版，第329页。
④ 邓竹：《郁达夫写了三个字》，《报刊文摘》2006年8月14日第3版。

谦辞叫"郢政"或作"斧政""斧正"。考其来源，这个词是从《庄子·徐无鬼》中的一则故事中产生出来的。故事是这样的："郢人垩漫其鼻端，若蝇翼，使匠石斫之。匠石运斤成风，听而斫之，尽垩而鼻不伤，郢人立不失容。"这个词的来源就昭示着修改文章的主要任务就是把文章中多余的、无用的部分删削净尽，犹如匠石运斤斫去鼻端之垩。把文章删繁就简，其效果犹如披沙拣金。俄国美学家车尔尼雪夫斯基把这个道理说得很透彻，他写道："无情地删去一切多余的东西，——这就是审读已经写下的东西时最重要的一部分，假如作者严格履行这个责任，他的作品就会获得许多东西，篇幅虽然减少一半，对读者的价值却要增加三十倍。"[1]

前人有一些追求语言简练的故事，现已传为美谈，试举一例。宋朝人沈括在《梦溪笔谈》中记载了这么一则故事。穆修与张景二人正在议论写文章的事情，这时候恰好有一匹马从他们眼前跑过去，踩死了一条狗。于是这两个人商定，各人都用文字把这件事记叙下来，比一比谁的表述更加准确而且简练。穆修写道："马逸，有黄犬遇蹄而毙。"张景这样写："有犬死奔马之下。"沈括对上述两个表述都不满意，自己也写了一句："适有奔马践死一犬。"

---

[1] ［俄］车尔尼雪夫斯基：《〈普希金文集〉序》，《车尔尼雪夫斯基论文学》中卷，人民文学出版社1965年版，第243页。

穆文用了两句话，张文用了一句话，张文胜于穆文。沈文以奔马为主体，更切合实际的见闻，所以又强于张文。

需要指出一点，语言的繁简与文章的详略不是一回事。文章的内容应该有详有略，何处该详，何处该略，取决于文章的主题。跟主题关系密切而重要者，该详；相反，跟主题关系疏远而且不重要者，该略。但是，无论是详的部分还是略的部分，都要求语言简练。还有一点，语言简练要以把意思表达清楚为准绳，切不可为简练而简练。宋朝人陈骙在《文则》中说得好："文贵其简也。文简而理周，斯得其简也；读之疑有阙焉，非简也，疏也。"①

第四个要求，文采。

对于语言表达，孔子提出过两个要求，一是"辞达而已矣"（《论语·卫灵公》），二是"言之无文，行而不远"（《左传·襄公二十五年》）与"情欲信，辞欲巧"（《礼记·表记》）。前者说的是语言表达须通顺、准确，后者说的是语言表达要巧妙，要有文采，否则文章就不能广泛流传和流传久远。可以说，前者是基本要求，后者是更高标准。语言表达决不可轻视文采，诚如刘勰在《文心雕龙·情采篇》所说的："虎豹无文，则鞟同犬羊；犀兕有皮，

---

① 戴庆祥选注：《古代名作家论创作》，中共中央党校出版社 1995 年版，第 465 页。

而色资丹漆，质待文也。"有文采的文章让人喜欢看，而且记得住。学术论文长于说理，但往往流于枯燥、乏味，救弊之方，就是讲究文采。

使文章有文采的方法甚多，让我们列举较为常见的几种吧。

一是用比喻使抽象的观点、理论形象化。

关于君主与庶民的关系，我们的先哲认为，君主能否坐稳宝座，完全取决于庶民对他的态度。这是一个非常深刻的思想。为了使这个思想易于被人领会，先哲用了一个比喻来昭示这个思想。春秋时期鲁国的君主鲁哀公对孔子说，他"生于深宫之中，长于妇人之手"，从来就不知道什么是危险。孔子答道："夫君者，舟也；庶人者，水也。水所以载舟，亦所以覆舟。君以此思危，则危可知矣。"[1]水能载舟，水能覆舟，这是人人都能看得到、都能知道的一种非常平常的自然现象，孔子用这种自然现象来比喻庶民与君主的关系，就使得一个抽象的思想形象化了，从而使这个深刻的思想明了化、平易化了。

古希腊哲学家柏拉图用比喻来描述他的哲学的基本观点。柏拉图哲学的基本观点可以用一句话来概括，那就是两重世界论，两重世界即理念世界与可感世界。他认为，理念世界是本原，是真实，而可感世界只是理念世界的影

---

[1] 孔健编著：《孔子全集》下册，东方出版社2012年版，第711页。

子。柏拉图用以描述他的哲学基本观点的比喻就是有名的洞穴比喻。这个比喻的喻体是这样的：有一个洞穴，它有一条长长的通道通向外面。有一些人从小就住在洞穴里，他们的头颈和腿脚都被绑着，不能走动，也不能转头，面向洞穴后壁而坐，只能看着这洞穴后壁。洞穴外有一条路与洞穴通道相交，许多人拿着各种器物，还有各种动物从这条路走过。阳光把这些人、动物和器物的影子投射到洞穴的后壁上。洞穴囚徒看到了这些影子，认为这些影子就是人、动物和器物的原样。囚徒中有一个人被解除了桎梏，他站起来，转过身，走出了洞穴，有人指给他看他在洞穴后壁看到的那些影子的原型，即人、动物和器物的真实的样子。这时候他才晓得了事情的真相。[①] 这个洞穴比喻告诉读者，人们生活于其中的可感世界恰如洞穴囚徒所看到的影子，而影子的原型，真实的事物，即理念世界他们是不了解的。这个洞穴比喻还有一层意思，那就是把没有受过教育的人比拟为洞穴囚徒，而把受过教育的人比拟为挣脱了桎梏、走出了洞穴、见到了事物真相的人。这个比喻把抽象的、艰深的柏拉图哲学的基本观点形象化、故事化了，不仅使之引人入胜，而且使之易于理解了。

　　毛泽东也是一位善用比喻使文章焕发文采的行家。他

[①] ［古希腊］柏拉图：《理想国》，商务印书馆2002年版，第272—276页。

在《改造我们的学习》一文中用一副对联来为主观主义者画像,对联是这样写的:"墙上芦苇,头重脚轻根底浅;山间竹笋,嘴尖皮薄腹中空。"这个比喻非常生动有趣,而且用了对联这样一种为我国所特有、为国人所乐见的语言形式,这种说理方式别有一番情趣,不禁令人拍案叫绝。

二是创造警句名言。警句、名言是含义深刻或意义重大而语言精练的语句。警句、名言会让人心灵感到震撼,认识得到提升,会令人牢记不忘。尼采说得好:"格言和警句是'永恒'的形式。"[1] 所以警句、名言会使文章大放异彩。让我们举些例子看。

先看一组传诵千古的名言吧。关于什么样的人才称得上大丈夫,孟子说:"富贵不能淫,贫贱不能移,威武不能屈,此之谓大丈夫。"(《孟子·滕文公下》)这三句话形成一个排比句,思想深刻,气势磅礴,而且音调铿锵,朗朗上口。

再看一例,司马迁在《报任少卿书》中写道:"人固有一死,或重于泰山,或轻于鸿毛。"把两种极端的事物加以对比,来说明死的意义之不同,给人以极深的印象。

又看一例,俄国文学理论家别林斯基给文学作品中的典型人物起了一个非常新巧而贴切的名号,他在《论俄国

---

[1] 尼采:《悲剧的诞生》,第329页。

中篇小说和果戈理君的中篇小说》一文中说："每个典型都是一个熟识的陌生人。"① 用这个名号来称呼典型人物真正恰当至极。因为每个典型人物既有普遍性，又有鲜明的个性。就其普遍性来说，为人们所熟悉；就其个性来说，又让人们感到陌生，所以是"熟识的陌生人"。而且，这个名号非常有独创性，因其新巧贴切而令人过目不忘。

值得一说的是，我们先贤著作中警句、名言多的是，特别是《论语》《孟子》《老子》《庄子》等诸子百家之书，简直就是警句、名言的宝库。这些著作之所以能够千古不灭，流传至今，多有警句、名言，无疑是一个重要的原因。学习这些警句、名言，可以开人心窍，倘能熟记并恰当地运用这些警句、名言，则能为我们的文章增添文采。

三是巧用典故。巧用典故，为文章添彩，是一个传统的方法，如刘勰在《文心雕龙·事类》中所说的："明理引乎成辞，征义举乎人事，乃圣贤之鸿谟，经籍之通矩也。"典故大都是精彩故事和至理名言，用了典故，会使文章变得生动有趣，会增强文章的知识性和可读性。让我们列举一些名人用典的事例吧。

"水则载舟，水则覆舟。"这是含有深刻哲理的一句古代名言。荀子就借重这句名言，来申述自己的政治主张。

---

① 《别林斯基论文学》，新文艺出版社1958年版，第120页。

在谈到如何才能使"君子安位"的问题时,荀子提出了关键在惠民的主张。他写道:"选贤良,举笃敬,兴孝弟,收孤寡,补贫穷,如是则庶人安政矣。庶人安政,然后君子安位。"(《荀子·王制》)紧接着,荀子援引了前面那句名言:"传曰:'君者舟也,庶人者水也;水则载舟,水则覆舟。'此之谓也。"这就是要告诉人们,他的主张是同这句名言相符合的,他用这个方法来强化他的主张的正确性和说服力。

"对牛弹琴",是一个成语。毛泽东反其意而用之,他在《反对党八股》一文中写道:"对牛弹琴这句话,含有讥笑对象的意思。如果我们除去这个意思,放进尊重对象的意思,那就只剩下讥笑弹琴者的意思了。"对典故的反其意而用之,很风趣,很机智,很招人喜欢。

我们知道了用典是使文章有文采的一个好招。但是,要想用典,首先得肚子里有典,就是要具有关于中国以及外国历史和文化的渊博的知识。

第 七 章

修　　改

第一节　"应该抛弃写作而无须修改的念头"

修改，是写好文章的必经步骤，即使是大作家、大学者也不能例外。俄国大作家列夫·托尔斯泰在日记中告诫自己："应该抛弃写作而无须修改的念头。"[①] 他一而再、再而三地提醒自己："写好作品的草稿后，一再修改它。""写作，反复修改。"[②] 在托尔斯泰的心目中，修改是写作的不可或缺的一个环节。

为什么说修改是写好文章的必经步骤呢？前面讲到，陆机说过这样的话，写文章的人"恒患意不称物，文不

[①] 《列·托尔斯泰论创作》，漓江出版社1982年版，第122—123页。
[②] 《列夫·托尔斯泰日记选》，《古典文艺理论译丛》第1辑，人民文学出版社1961年版，第197、200页。

第七章 修改

逮意"。意称物就是对事物认识正确而深刻，文逮意就是对思想和感情的表达通顺而准确。不论是做到意称物还是做到文逮意，都不是容易的事，都需要经过反复思考、反复斟酌、反复琢磨，才能逐渐接近成功。这就决定了写好文章非经过反复修改不可。为了使学子们对此有清醒的认识，让我们来看看大作家、大学者重视修改的实例吧。

孔子无疑是一个大学问家，我们没有看到有关他如何修改文章的资料，但是，我们掌握的资料表明，他对重视修改的行为取赞赏的态度。郑国起草一个文件的方式和经过得到了他的称道。他写道："为命，裨谌草创之，世叔讨论之，行人子羽修饰之，东里子产润色之。"（《论语·宪问》）起草一个文件，有四位大夫参加，经过了四道工序，经历了从内容到文辞的修改和润色的过程。郑国政治家对文件的写作和修改如此慎重，确实当得起孔子的推崇。

宋代文豪欧阳修修改自己的文章毫不留情，为后人所称颂。清代唐彪的《读书作文谱》对欧阳修修改文章的情况有如下的记载："欧阳永叔为文，既成，书而粘于壁，朝夕观览。有改而仅存其半者，有改而复改，与原本一字无存者。《曲洧旧闻》云：读欧阳公文，疑其随意写出，不假斫削功夫。及见其草，修饰之后，与始落笔有十不存五六者。乃知文章全藉改窜也。欧公尚然，人可以悟矣。"① 清代梁章钜在《退庵随笔》中记载了欧阳修修改千古名篇《醉翁亭记》的情形，他写道："作《醉翁亭记》，原稿起处有数十字，粘之卧内，到后来只得'环滁皆山也'五字，其平生为文都是如此，甚至有不存原稿一字者。"② 从欧阳修对文稿的修改中，悟出"乃知文章全藉改窜也"的道理，可谓深得写作之三昧。还有，"欧公尚然，人可以悟矣"的话，对我们应有所启发。

欧阳修修改自己的作品之所以如此苛刻，除了是因为严格地遵守写作规律之外，还别有一种心思，他同其夫人的一番对话就透露出了消息。据徐师曾《文体明辨序说》所记："大明顾元庆曰：'欧阳文忠公晚年尝日窜定平生所为文，用思甚苦。其夫人止之曰：'何自苦如此，当畏先生嗔也？'公笑曰：'不畏先生嗔，却畏后生笑。'"③ 欧阳修想的是，要使自己的文章以最完美的状态留给后生，这是多么可贵的负责精神啊。

宋代词人张炎谈到自己作词的经验，认为不断修改是一个重要的环节。他写道："词既成，试思前后之意不相应，或有重叠之句，又恐字面粗疏，即为修改；改毕净一

---

① 戴钦祥选注：《古代名家论写作》，中共中央党校出版社 1995 年版，第 135—136 页。
② 戴钦祥选注：《古代名家论写作》，第 133 页。
③ 戴庆祥选注：《古代名家论写作》，第 128 页。

第七章　修改

本，展之几案间，或贴之壁，少顷再观，必有未稳处，又须修改；至来日再观，恐又有未尽善者；如此改之又改，方成无瑕之玉。倘急于脱稿，倦事修择，岂能无病？"[1] 虽然张炎讲的是作诗词需加修改的必要与方法，但是这个话对论文写作也完全适用。"改之又改，方成无瑕之玉"，作诗词，写论文，莫不如此。在这个意义上可以说，好文章是改出来的。

从曹雪芹写《红楼梦》的经历，足见大作家对作品的修改是多么的用心、费力。"批阅十载，增删五次"，他为此慨叹道："字字看来皆是血，十年辛苦不寻常。"

我们再来看看鲁迅关于文章修改的看法吧。他在《答北斗杂志问》中讲到写文章须遵守八条规则，其中第四条是："写完后至少看两遍，竭力将可有可无的字、句、段删去，毫不可惜。"[2] 毛泽东在《反对党八股》一文中引用了鲁迅的话，并且加以发挥，以告诫写作者。他说："鲁迅说'至少改两遍'，至多呢？他没有说，我看重要的文章不妨看它十多遍，认真地加以删改，然后发表。"

综上所述，写作规律指示我们，修改乃是写作的一个必不可少的环节，一个必经的步骤。而大学者、大作家的经验告诉我们，好文章都是改出来的，诚如张炎所说：

---

[1] 戴庆祥选注：《古代名家论写作》，第126页。
[2] 《鲁迅全集》第4卷，人民文学出版社2005年版，第526页。

"改之又改，方成无瑕之玉。"清代的李沂对写了而不加修改的文稿（包括文学作品和理论文章）有一个巧妙的比喻，他在《秋星阁诗话》中写道："昔人谓：'作诗如食胡桃、宣栗，剥三层皮方有佳味。'作而不改，是食有刺栗与青皮胡桃也。"①

第二节　修改什么

作家、语文专家叶圣陶说："修改是就原稿再仔细考虑，全局和枝节全都考虑到，目的在尽可能做到充分地确切地表达出所要表达的意思。"② 所以，修改要对构成论文的一切元素，从论点到论证、从材料到论据、从层次到段落、从衔接过渡到遣词造句、从引文注释到标点符号，等等，都应该认真仔细地加以检查，凡有不妥之处，即予修改。因此，需要修改的项目是非常繁复的，一定要有足够的耐心来对待它。下面我们举些例子来说。

凡有"意不称物"之处，都需要加以修改。一篇论文，总要谈到许多问题，涉及许多事情。要对这些问题、事情都有正确的、到位的认识，不是一件容易的事情，诚如陆机所感叹的"恒患意不称物"。所以，在论文的文稿

---

① 戴庆祥选注：《古代名家论写作》，第34页。
② 叶圣陶：《怎样写作》，巴蜀书店2014年版，第139页。

第七章　修改

中，意不称物的情况不可避免，而且这种情况不在少数。这些就都需要加以修改，而且修改的量会相当大，任务相当繁重。通过不断的修改，使意不称物转变为意称其物，这需要一个过程。说一些修改的实例吧。比如，毛泽东修正了对太平天国的看法，他在《实践论》中写道："中国人对于帝国主义的认识也是这样，第一阶段是表面的、感性的认识阶段，表现在太平天国运动和义和团运动等笼统的排外主义的斗争上。"他后来意识到这个看法不妥，就作了修正，他在1951年3月27日致李达的信中说道："《实践论》中将太平天国放在排外主义一起说不妥，出选集时拟加以修改。"[1] 又如，周扬于1939年写过一篇文章《对旧形式利用在文学上的一个看法》，文中说到近代中国新的民主主义意识形态"是由接受西洋文化思想而来的"。毛泽东在旁批道："不是完全由接受西洋而来，而是受着'影响'。"并将原文改为："新的意识形态的形成，曾经大大感受西洋文化的刺激与帮助，并吸收了适合中国民主要求的东西。"[2]

　　有了正确的认识和看法，要把这认识和看法准确而恰当地表述出来，也不是一件容易的事，陆机就常常苦于

---

[1] 中央文献研究室科研部图书馆：《毛泽东著作是怎样编辑出版的》，中国青年出版社2003年版，第74页。

[2] 中央文献研究室科研部图书馆：《毛泽东著作是怎样编辑出版的》，第433页。

"文不逮意"。要使"文不逮意"转变到文逮其意,往往不是一蹴而就的,而是要对表述方式经过多次修改才能达到目的。例如,毛泽东在《主动权来自实事求是》一文中,有如下一句话,其最初的表述为:主动权"来自客观情况对于人的头脑的真实反映"。这句话听起来有些别扭,后来改为:主动权"来自客观情况在人们头脑中的真实反映"。① 这听起来就顺耳了。要把整篇论文的语句都改得文逮其意,即达到通顺、准确、简练和有文采的标准,需要修修改改的地方真是太多太多了,所以这件事的工作量甚大,可说是没完没了。为此,我们要有不厌其烦的态度、精益求精的精神来对待这件事。

对所使用的每一个材料,都要仔细地进行审查,首先要确保它真实可靠,其次要考量它的适用性,就是说要确定它是用来证明所欲证明的论点的最强有力的材料。从适用性的角度考虑,变换材料是常有的事。还有这样的情况,有的材料适用于多个论点,这就需要斟酌,它最适用于哪个论点,就把它用在哪里。

层次与段落的顺序也要加以注意。层次与段落的顺序体现了作者的思路。作者的思路应如行云流水般地贯穿于整篇论文。为了使论文的思路更显合理、顺畅,有时就需

---

① 中央文献研究室科研部图书馆:《毛泽东著作是怎样编辑出版的》,第201页。

要调整层次与段落的顺序。

第三节　怎样修改

关于修改文章的方法,根据大作家、大学者经验和教导,可以归纳出主要的三种。

第一,冷处理。

鲁迅在给青年作家叶紫的信中,教他修改文章的方法,就是冷处理。鲁迅写道:"你还是休息一下好,先前那样十步九回头的做法,是很不对的,这就是在不断的不相信自己——结果一定做不成。以后应该立定格局之后,一直写下去,不管修辞,也不要回头看。等到成后,搁它几天,然后再来复看,删去若干,改换几字。在创作的途中,一面练字,真要把感性打断的。我翻译时,倘想不到适当的字,就把这字空起来,仍旧译下去,这字待稍暇时再想。否则,能够因为一个字,停到大半天。"[①] "等到成后,搁它几天,然后再来复看",这就是修改的方法,冷处理的方法。这个方法有什么益处呢?棋艺里有一个说法,叫做"当局者迷,旁观者清"。说的是棋局里有一些好的招数,下棋的人往往想不到,旁观的人却看得很清楚。为什么会这样呢?因为下棋的人总是顺着自己的思路

[①] 《鲁迅全集》第13卷,人民文学出版社2005年版,第590页。

行棋，所谓一条道走到黑，不容易跳出这固有的思路来思考，因此他的思维和眼光就受到局限，想不到在他的思路范围之外好的招数。而旁观者眼观全局，思路开阔，就能看到当局者看不到的妙招。冷处理的方法，就会使文章作者由"当局者"转变为"旁观者"，他就能发现原来没有发现的问题。唐彪就看到了这一点，他在《读书作文谱》里写道："当时能确见当改则改之，不然且置之，俟迟数日，取出一观，妍媸了然于心，改之自易，亦信斯时改之始确耳。"[1]

顺带说说，鲁迅在信里还讲到了撰写初稿的方法，那就是："立定格局之后，一直写下去，不管修辞，也不要回头看。"所谓立定格局，就是有了大纲。达尔文有相同的体验，他写道："从前我时常在写作时，要推敲自己的文句以后，方才下笔写出它们来；可是后来过了几年，我得出了结论，为了节省时间，尽可能迅速地用极其拙劣的笔迹，潦草地写满全页，接着就把它们缩减一半，然后才去仔细考虑，改正它们。"[2] 列夫·托尔斯泰讲过同样意思的话，他在日记中写道："写作，（1）起草，不仔细考虑一个片段和思想表现得是否正确；（2）誊写一次，删去一切赘余并给予每一思想以真正的位置；（3）再誊写一次，

---

[1] 唐彪：《读书作文谱》，岳麓书社1989年版，第68页。
[2] 《达尔文回忆录》，商务印书馆1982年版，第91页。

改正表现法不正确的地方。"① 托尔斯泰既讲了怎样起草，也讲了怎样修改。鲁迅、达尔文和托尔斯泰所讲的起草方法可称之为趁热打铁法。鲁迅指出，不采取这个方法，就免不了如下一些害处：（1）"把感性打断"，即打断思路，挫折兴致；（2）延误进度，一个字卡壳，就可以耽误半天；（3）以上问题，会使你的自信心受到打击。由于初稿是用趁热打铁法写出来的，势必会留下许多毛病，所以修改就成了不可或缺的环节。

让我们回到冷处理修改法这个话题上，马克思深知这个方法的功效，他说自己有这样一个特点，要是隔一个月重看自己所写的东西，就会感到不满意，于是又得全部改写。② 俄国剧作家契诃夫则是冷处理法的热烈推荐者，他说道："您写完它，就放在一旁，有时几个月不去理这份稿子。您开始写新东西，以后，等到您回到原先那个剧本上去，您永远会发现许多要改的地方。剧本搁在一边的时候，有许多新想法和恰当的辞藻会来到您的脑子里，您就大改一番。再把稿子搁在一旁。必须这样，您的东西才完整，才是经过深思熟虑的。"③

第二，虚心求教。

让我们先引述一些先贤关于虚心求教的言论吧。被誉

---

① 《古典文艺理论译丛》第 1 辑，第 198 页。
② 《马克思恩格斯全集》第 30 卷，人民出版社 1975 年版，第 617 页。
③ 《契诃夫论文学》，人民文学出版社 1958 年版，第 405 页。

为"才高八斗"的大文豪曹植，就喜欢别人批评他的文章。他在《与杨德祖书》中说："世人著述，不能无病。仆常好人讥弹其文，有不善应时改定。"[①]"世人著述，不能无病"，这是文豪的自述，真正把问题看透了，把话说到家了。白居易懂得，文章的毛病，作者本人往往看不出来，需要得到别人的指点，他在《与元九书》中写道："凡人为文，私于自是，不忍于割截，或失于繁多，其间妍媸益又自惑，必待交友有公鉴无姑息者，讨论而削夺之，然后繁简当否得其中矣。"[②]作者对本人的文章妍媸自惑的原因，恐怕有两种不同的情况，对于老手来说，是由于当局者迷；对于新手来说，除了上述原因之外，更由于水平有限和经验不足。

既成的文章，照他人意见经过修改，或祛瑕祛疵，或增美增辉，这样的事例比比皆是，容我举例一二于下。

宋代人魏庆之《诗人玉屑》有这样一条记载："萧楚才知溧阳县，张乖崖作牧。一日召食，见公几案上有一绝云：'独恨太平无一事，江南闲杀老尚书。'萧改'恨'为'幸'字，公出，视稿曰：'谁改吾诗？'左右以实对。萧曰：'与公全身。公功高位重，奸人侧目之秋，且天下一

[①] 郭绍虞主编：《中国历代文论选》上册，中华书局1962年版，第131页。

[②] 郭绍虞主编：《中国历代文论选》上册，第414页。

统，公独恨太平也？'公曰：'萧第，一字师也。'"① 改了一个字，兴许使人免了一场灾。修改是多么重要！

范仲淹是宋代的一个大家，千古名篇《岳阳楼记》的作者。其所写《严先生祠堂记》原本就文采飞扬，经人修改，更是锦上添花。宋代人洪迈的《容斋随笔》记载了此记修改的故事。范仲淹做桐庐太守的时候，在东汉名士严子陵垂钓的地方，修建了一个祠堂来纪念他，并且亲自撰写了《严先生祠堂记》。此记极论汉光武之贤明，严先生之高洁，只有二百个字。篇末是一首颂诗，诗云："云山苍苍，江水泱泱。先生之德，山高水长。"写成之后，范仲淹把它拿给南丰李泰伯看。李泰伯读罢，赞叹不已，站起来对范仲淹说，此文一出，必将名世，我想妄改一字，以成盛美。范仲淹惊喜地握住李泰伯的手表示感谢。李泰伯说："云山江水之语，于义甚大，于词甚溥，而德字承之，乃似趑趄，拟换作'风'字，如何？"范仲淹凝神静听，连连点头，几乎要下跪拜谢。"风"字比"德"字意蕴宽绰，更加适合描述严先生的高尚节操，而且同云山江水的气象也更加相得益彰。由此可见，即使是大家名作，也并非没有修改提高之余地，初学写作者于此应可得到某种启示吧。

第三，朗读。

---

① 戴庆祥选注：《古代名家论写作》，第122页。

修改文章的有效方法之一是朗读。鲁迅就惯用这个方法，他在《我怎样做起小说来》一文中写道："我做完之后，总要看两遍，自己觉得拗口的，就增删几个字，一定要它读得顺口。"①

郭沫若认同鲁迅的看法。他在《怎样运用文学的语言》一文中写道："自己写出来的东西要读得上口，多读几遍，多改几遍，先朗读给自己亲近的人听，不要急于发表，这也是绝好的方法，这便是古人所说的'推敲'。"②

作家老舍把朗读法看作修改文章的一个窍门，他在《人物语言及其他》一文中说："我写作中有一个窍门，一个东西写完了，一定要再念再念再念，念给别人听（听不听在他），看念得顺不顺？准确不？别扭不？逻辑性强不？……看看句子是否有不够妥当之处。"③ 老舍反复强调一个"念"字，突出一个"念"字，是有深意的，应当引起我们高度的注意。

叶圣陶也一再说："写完一篇东西，念几遍，对修改大有好处。"他还不厌其烦地历数了种种好处，他说："修改稿子不要光是看，要'念'。就是把全篇稿子放到口头说说看。也可以不出声念，只在心中默默地说。一路念下

---

① 《鲁迅全集》第 4 卷，第 526 页。
② 《郭沫若全集》文学编第 19 卷，人民文学出版社 1992 年版，第 309 页。
③ 《中外作家谈创作》上册，山西人民出版社 1980 年版，第 64 页。

去，疏忽的地方自然会发现。下一句跟上一句不接气啊，后一段跟前一段连得不紧密啊，词跟词的配合照应不对头啊，句子的成分多点儿或者少点儿啊，诸如此类的毛病都可以发现。同时也很容易发现怎样说才接气，才紧密，才对头，才不多不少，而这些发现正就是修改的办法。"[1]

朗读为什么对修改有好处？语言学家朱德熙讲清了道理，他说："我们从小就说汉语，说得很纯熟，很自然。这就是感性知识。对于写文章来说，这种感性知识是起决定作用的东西。"因此，"我们对于口语的感性知识就是鉴别文章通顺与否的最可靠的根据，因此文章里如果有不通的地方，自己是可以发现的"。[2] 凡是搞写作的人大概都有这样的体验，一个句子写成的时候，感觉不到它通顺还是不通顺，只要把它放到口头上念一念，立马就分辨出来了。

---

[1] 叶圣陶：《怎样写作》，第140—141页。
[2] 朱德熙：《从作文和说话的关系谈到学习语法》，载中华函授学校编《语文学习的基础》，商务印书馆1980年版，第178—179页。

第 八 章

答　　辩

第一节　答辩的意义

对于学位论文来说，文稿脱手，并不等于大功告成，因为学位论文还必须过最后一关，那就是答辩。首先，申请进行答辩的论文，未必就能获准进行答辩。学校一般会聘请有关专家三人为评阅人，对论文进行评阅。如有两位评阅人对论文持否定意见，该论文就没有资格进行答辩。其次，获准进行答辩的论文，经过答辩，可有三种结果：第一种是答辩通过，达到学位的要求，可提交学位评定委员会，建议授予学位。第二种是答辩通过，但是尚需修改、完善，再经导师认可后提交学位评定委员会，建议授予学位。第三种是答辩不通过。对于答辩未通过的论文，经答辩委员会的同意，论文作者可在规定时间内，对论文进行修改，重新申请答辩一次。

学位论文答辩，是学校对学位申请人的综合能力的一次考核。答辩委员会不仅要对学位论文的水平作出评价，还要围绕论文对学位申请人的综合能力进行考问。学校对论文答辩工作是非常重视的。每一场答辩会都要组织一个由与论文有关学科的专家组成的答辩委员会，来主持论文答辩工作。通过论文答辩，可以考查出论文作者的学术修养：对与论文相关学科的基本理论掌握到什么程度、对论文所涉及的课题的研究历史与现状熟悉到怎样的地步、独立地进行科学研究的能力如何、在科学研究中有没有创新的精神、知识面的广度与丰富度如何、撰写论文的能力如何、驾驭语言的能力如何，还可以看出论文作者的即时应变能力如何、思维是否敏捷、口头表达能力如何、有没有论辩的才能，等等。总之，通过学位论文的答辩，基本上可以对学位申请人的学术上的综合能力作出比较准确的判断。因此之故，把学位论文答辩的结果作为评定学位的决定性的根据，是完全适当的。

对学位申请人来说，论文答辩是向专家请教和学习的一个极好的、难得的机会。答辩委员会一般由五位专家组成，除了有本单位专家之外，还必须有外单位专家，因此可以说是一个特殊的专家组。由这样的一个专家组来为你的论文把脉，你的论文的长处与短处、强项与弱项，都将会暴露无遗。你若能认真地听取和思考专家们的意见，不仅对进一步修改和完善你的论文大有益处，而且，对你提高自己做学问的能力，也会有很大的帮助。

还有，答辩会既是对学位申请人的学术能力的全面考察，同时，也给了他一个全面地展示自己的学术能力的平台。常言道，燧石要加以敲打才能发出火花。答辩会上，答辩委员会向学位申请人提出一个接一个的问题，学位申请人便可以在接连不断的答辩声中，把自己的理论素养、知识储备、思维的敏捷度、善辩的才能等各种能力适当地表现出来。

论文答辩还有一个功能，那就是辨别真伪。不可否认，青年学子当中也有极少数不诚实分子，他们要小聪明，不老老实实地做学问，而是施行剽窃，论文造假。论文答辩，对造假者和剽窃者来说，是一道过不去的鬼门关。剽窃和造假的行为，是绝对逃不过论文评阅人和答辩委员会专家们的火眼金睛的。专家们通过审阅论文和考察答辩这两道工序，必将使剽窃和造假的论文无所遁形。

第二节　答辩前的准备

应从以下几个方面为答辩做好准备。

第一，写好论文要点自述报告。

答辩会的一个重要环节是学位申请人作学位论文要点自述报告。这个自述报告，对答辩成功与否关系重大。自述报告讲好了，就为整个答辩开了一个好头，学位申请人就会充满信心地去迎接嗣后的答辩。反之，如果自述报告

第八章 答辩

讲砸了，或是没把论文要点说清楚，或是思路混乱条理不清，或是语言啰唆，或是超过了规定的时间，学位申请人就会心慌意乱，这种不良情绪会对后面的答辩造成极为不利的影响。所以，这个自述报告很要紧，学位申请人对此一定要认真对待。

写论文要点自述报告不是一件容易的事。学位论文有几万字（硕士论文）或十几万字（博士论文），而作论文要点自述报告的时间仅为二三十分钟（硕士论文二十分钟，博士论文三十分钟）。二三十分钟的讲稿，论字数也就几千字。仅用几千字就要把几万、几十万字的论文的要点讲明白，说不难才怪呢。因此，如果事先不做充分准备，自述报告很难做得令人满意。要写好自述报告，需要一种本领，那就是钩玄提要的本领。事先没有这种本领怎么办？不必着急，本领从干中来，练习撰写学位论文要点自述报告的过程，同时也是培养和砥砺钩玄提要本领的过程。自述报告写成了，钩玄提要的本领也初步练出来了。自述报告写好后，为慎重起见，最好在同学或亲友面前试讲一次，看看吐字、语气、语速、时间是否合适，如有不当，随时改正，以便能在答辩会上获得最好的效果。

学位论文自述报告应该写些什么？其内容大致包括如下几个方面：论文选题缘起与意义，论文梗概与核心论点，论文的创新与突破，与论文相关的一些问题。

第二，为应对答辩会中的提问而做的准备。

学位申请人的学位论文自述报告完了之后，就进入答辩阶段。答辩的过程是这样的：首先，答辩委员会主席代表答辩委员会向学位申请人提出一至两个问题，这问题是答辩委员会事先商定的。学位申请人被允许有短时间（硕士为 10 分钟，博士为 20 分钟）的准备，然后进行答辩。这个答辩完了之后，各位答辩委员开始自由即席提出一个又一个问题，学位申请人需一一作出回答。

　　答辩委员会可能会提出什么问题呢？这是学位申请人最为关心的事情。大概可以这样说，针对每一篇论文所提的问题，都是特殊的、各不相同的，但是，从对所有论文所提问题的总体来看，可以看出它们有某种共同性，这就是它们一般不会超出一个共同的范围。这个共同的范围大致由以下几个方面构成：（1）对论文的核心论点反复质疑、问难，（2）对论文所涉及的基本理论反复进行诘问，（3）对论文所提到的一些重要的知识点进行考核，（4）就论文所涉及或与论文有关的著作和观点进行盘问，（5）论文的弱点往往是追问的焦点。上述范围内的问题是无须格外准备的，平时加以留意就可以了。前面讲到，论文修改的方法之一是虚心求教，你的论文如果请这样的师长和亲友看过，他们既熟悉你的论文所研究的论题，又有写论文的知识和经验，他们会就你的论文的薄弱之处和疑难之点提出问题，这对你准备答辩是很有帮助的，因为这往往也是答辩委员会的委员们会注意到的地方。

第三，保持充沛的精力。

答辩，对学位申请人来说，肯定是一个精神高度紧张的活动。面对答辩，一定要保持充沛的精力，清醒的头脑，集中的精神，这样才能对答辩会中提出的问题迅速抓住要害，迅速进行思考，作出尽可能好的回答。有的人为了准备得更加充分、周到些，往往在答辩前夕还要加班加点，临阵磨枪，甚至开起夜车，通宵达旦。第二天到了答辩会上，心身俱疲，晕晕乎乎，头昏脑涨，不用说答辩达不到理想状态，就连正常水平也发挥不出来，岂不是得不偿失？况且，我们前面说过，为答辩是不用做格外的准备的，临阵磨枪是完全不必要的。答辩前几天，放松放松心情，好好休息休息，使自己变得精力弥满，这才是正确的做法，也是应有的准备。

第四，其他。

论文答辩会是一个严肃的场合，答辩申请人应适当注意衣着与仪表。衣着以朴素大方的正装为宜，穿得邋邋遢遢，或者奇装异服，都同答辩会的氛围不相称，都不可取。仪表要庄重平和，不急不躁。

到答辩会要带上论文及必要的资料，以备查阅。此外，莫忘带上纸和笔。领得答辩委员会所提的问题后，可有一段时间准备。众所周知，答辩会气氛紧张，时间紧迫，在这样的情势之下，为使你的答辩能抓住要点，条理分明，最好是写一个简要的提纲，此时就用上了纸笔。

第三节　答辩中的心态与谈吐

首先，要调整好心态。

心态会对答辩效果产生重要的影响。参加答辩应有什么样的心态呢？可以用两个词来概括：自信、谦逊。自信乃是打开成功之门的钥匙。充满自信地去作论文要点自述报告，去回应答辩委员会的提问，就可以把你的能力、才干和知识尽可能完美地展示、发挥出来。而只要论文是你自己写的，材料是你自己辛辛苦苦搜集起来的，论点是你认真研究了材料之后创获的，你就有充分的理由抱着满满的自信。自信之外，要谦逊。你面对的是师长辈的专家，而且是一个专家组，他们的学识、修养远远在你之上，你应抱着向他们汇报、向他们请教的态度去进行答辩，切莫自以为是，刚愎自用，在他们面前班门弄斧，夸夸其谈。此外，需要克服一种不良的心态，那就是畏怯。畏怯的心态会束缚你的精神，压制你的思维，压缩你的智慧，会使你本来能够做到做好的事情，也做不到做不好。一个初出茅庐的青年学子，站在多位专家面前，接受他们的考问，难免有些许发怵。但是，这种心理状态是可以平服的，只要你想到论文是你自己花了心血写出来的，只要你相信答辩委员们只是考核你的能力，而不会故意与你作对，这样，你的心情就会变得平静起来。

其次，要沉着、诚实。

当答辩委员们向你提出问题时，一定要沉住气，要用心地、仔细地倾听，要吃透问题的要旨，然后紧扣这要旨，稍作思考，从容作答。切忌仓促应对，还没有弄懂问题的真意，还没有抓住问题要害，也没有过一过脑子，就随意作答，结果答非所问，以致提问者不得不打断你，提醒你跑题了，这样，效果就很不好了。

答辩委员们可能会提出五花八门的问题，而有些问题所涉及的对象、知识，是你所不知道、不了解，甚至是闻所未闻的。对于这种情况，你一定要以诚实的态度回答说："很惭愧，我不知道。"答辩委员们决不会苛责你欠缺知识，反而会赞许你的诚实。最犯忌的是，由于怕被认为无知而不知装知，不懂装懂，于是胡乱猜测，瞎蒙一气，结果一准砸锅，给人留下一个不坦诚的印象。

再次，申述己见，有理有节。

当学位论文的观点受到答辩委员的质疑乃至批评的时候，论文作者如果深信自己的观点是正确的，那就应该勇于为自己的观点辩解，敢于申述自己的意见。千万不要畏畏缩缩，不敢言语。学术面前，人人平等。况且答辩会嘛，有答有辩，辩解是允许的，而且是正当的。这样的时刻，正是优秀的学子展现自己的学识、才能的好机会。论文作者的答辩，如果做到了论据坚实可靠，说理圆满充分，令人心悦诚服，就会得到答辩委员会的赞赏。这应该是答辩会的理想境界。需要注意的一点是，答辩者在为自己的观点辩解以及进一步阐述自己的观点时，要有礼貌，要对提出问题的答辩委员保持应有的尊重，切莫自恃有理，出言不逊。这是一个人应有的修养。

最后，思路清晰，要言不烦。

答辩会时间紧迫，这种情势对答辩人的思维能力和语言（口语）表达能力提出了很高的要求。答辩人在回答问题时，一定要思路清晰流畅，语言明快简练。思绪混乱，语言啰唆，是答辩中的大忌。

后　　记

　　我为这本小书定下了两个目标：第一，令凡是看过此书的人，都能成功地写出一篇学位论文；第二，令凡是看过此书的人，都能明了怎样才能写出有创新性的学位论文。

　　为了引导人到达第一个目标，我按照论文写作的流程，制作了一张论文写作路线图。我把论文写作流程分解为八个步骤，每一个步骤犹如路线图上的一个站点。每一个步骤设为一章，八个步骤就是八章。八章的顺序依写作流程的先后次序而定。循着这个路线图走，到达目标应无问题。八章外加一个绪论，这就是本书的结构和内容。

　　为了引导人到达第二个目标，我在绪论中集中地、着重地论述了学者应具的素养，主要有三点：即学者的精神——独立的精神、自由的思想，学者的品质——怀疑一切，学者的人格——为学问而学问。定下这第二个目标，并且把它放到重要的地位，可算是本书的一个特点吧。

在我看来，达到第一个目标，只是撰写学位论文的基本要求；达到第二个目标，才是撰写学位论文的根本目的。第一个目标，体现了本书的实用性及可操作性；第二个目标，表现了本书的思想性和理论性。

本书的撰写，得到了多方支援。钟子林教授、张建华教授、挚友李成林先生，还有我的夫人刘湘燕女士，分别阅读了本书的部分章节，提出了一些宝贵的意见；两位青年朋友许瑞先生和赵坚娣女士在电脑打字、编辑以及查找资料方面给予了我诸多帮助，在此一并致谢。本书得到中央音乐学院的出版资助，特表谢忱。